广雅

聚焦文化普及,传递人文新知

广 大 而 精 微

趣味法律史

主编 景风华

表象背后

文艺作品中的法律小史

夏婷婷 著

广西师范大学出版社
·桂林·

表象背后：文艺作品中的法律小史
BIAOXIANG BEIHOU: WENYI ZUOPIN ZHONG DE FALÜ XIAOSHI

图书在版编目（CIP）数据

表象背后：文艺作品中的法律小史 / 夏婷婷著. -- 桂林：广西师范大学出版社，2025.2. -- （趣味法律史 / 景风华主编）. -- ISBN 978-7-5598-7566-2

Ⅰ.D929

中国国家版本馆 CIP 数据核字第 2024ZD0155 号

广西师范大学出版社出版发行

（广西桂林市五里店路 9 号　邮政编码：541004）

网址：http://www.bbtpress.com

出版人：黄轩庄

全国新华书店经销

广西民族印刷包装集团有限公司印刷

（南宁市高新区高新三路 1 号　邮政编码：530007）

开本：880 mm ×1 240 mm　1/32

印张：9.375　　　字数：200 千

2025 年 2 月第 1 版　　2025 年 2 月第 1 次印刷

印数：0 001~5 000 册　定价：58.00 元

如发现印装质量问题，影响阅读，请与出版社发行部门联系调换。

总　序

中国法律史，顾名思义，探讨的是中国法律的历史或中国历史中的法律。作为一门法律与历史的交叉学科，它不仅在法学界毫无悬念地处于鄙视链底端，而且在历史学界也不大招人待见。就法学这门实用性极强的学科来说，随着近代大规模的"西法东渐"与法律移植，中国现代法律体系与中国传统法之间已经很难建立起直接联系。一位律师即便完全不知《唐律疏议》为何物，也丝毫不影响他在法庭上纵横捭阖。这样看来，那些"已为陈迹"的知识似乎归档历史学院方才合理。然而历史学界表示，我们要从人类过往的灿烂与荒凉中烛照出权力运作的根本逻辑、经济运行的基本规律、社会结构的组织形态和众多人物的身世浮沉，在很难算得上"法治社会"的古代中国，法律在国家建制中所起的作用大吗？有关法律史的叙事能够丰富人们对历史逻辑的理解吗？能够帮助人们认识自身吗？如果它不具有根本性意义，被边缘化似乎就是无可逃避的宿命。

但是，纵然承受着来自各界的诸多冷眼，我们依然认为，让中国法律史这一冷门领域走进大众视野是有意义的。我们是否可以对法律做一个稍微扩大化的理解，即将之视为一种规则之治？写在纸面上的法条、停留在过去的制度，仅仅是规则之治的外部表现形式；而真正撑起规则之治的，是人们对何为"应当"的最低限度的共识、实现"应当"的基本方式，以及规则同社会结构、社会观念的相互塑造作用。那么，在这样一个围绕规则所形成的系统当中，我们可以透过任何一条历史的缝隙看见法律的存在，并借由这一路径，进一步思索何为中国、何为法律。

编写出版这套"趣味法律史"丛书，便是希望能将中国法律史的深刻内涵以一种生动活泼且易于理解的方式呈现给广大读者。丛书作者皆为在高校任教的专业法律史学者，大家不满足于在书斋中一味创作那些艰深晦涩、阅读量难超两位数的学术论文，本着"不想当作家的法律史研究者不是合格的文艺青年"的共同目标聚集在一起，根据各自的研究领域和兴趣，从不同层面切入对中国法律史的探索。有的著作侧重于借助文学作品或影视剧作品建立起法律史与文化的连接，有的著作则对某一法律主题或文化现象进行深度剖析，我们还计划在未来加入古代案例分析的内容，让更多人能够了解并体会中国法律史的独特魅力。

在这套丛书的写作过程中，我们的语言文字是轻松随性的，但态度是严谨认真的。面对很多人对中国古代法律抱有的猎奇心态和网络上真假参半的各类传言，我们也希望通过"趣味法律史"丛书，澄清部分对中国传统法的误解，让读者看到法律史的真实面貌。

衷心期待这次全新的尝试能够打破学术与大众之间的壁垒，让法律史不再是大众眼中奇怪的陌生学问，而是与人们对规则的认知血脉相连的文化基因。我们诚挚地邀请您与我们一道，共同踏上这段奇特的法律史之旅。

景风华

2024年暮秋

目　录

导　言　*1*

上篇　《拾穗者》与中西福利制度　*1*

《拾穗者》中体现的基本法律问题分析　*4*

一、对拾穗行为的定性分析　*4*

二、对拾穗标的的定量分析　*10*

传统中国的救济制度　*15*

一、拾穗行为的中国境遇　*15*

二、传统中国的为政理念和制度设计　*28*

三、传统中国的具体救济举措　*35*

四、拾穗行为在传统中国发生的概率分析　*55*

福利·国家·社会　*65*

一、西方福利观念的历史发展　65

　　二、中西社会福利观发展比较　82

　　三、福利及相关概念辨析　87

　　四、欧洲"福利国家"的经验　92

　　五、中国式"福利社会"构建的关键　96

中篇　由《量罪记》看通奸罪与罚　101

以莎士比亚《量罪记》为切入点　104

　　一、《量罪记》中的案情及本篇所探讨的问题　104

　　二、古代欧洲关于通奸行为的法网调控　107

中国古代对奸罪及"杀奸"的认定　121

　　一、何为奸罪？　121

　　二、中国古代律法对本夫性权利的维护　127

中国古代对未婚通奸行为的司法实践　142

　　一、对未婚通奸行为的法律规定变化　142

　　二、"凡奸条"在未婚通奸案中产生的实际效力　146

下篇　《西游记》中探法史　157

"三媒六证""茶红酒礼"与猪八戒的强占婚　160

　　一、古代婚姻缔结礼仪　160

　　二、"三媒六证"的具体含义　163

　　三、为何选用"茶红酒礼"作为聘礼？　165

四、八戒的强占婚行为及应受的处罚　167

古代社会的招赘　175

一、《西游记》中出现的招赘桥段梳理　175

二、古人对赘婿的态度　178

三、古人歧视赘婿的原因分析　190

对"孝"的古今认识　193

一、《西游记》中的"孝"故事　193

二、儒道两派对"孝"的不同理解　194

三、古代关于孝的法律规定和适用范围　198

四、古代孝行的当代变化与启示　210

从唐僧母亲复仇看复仇者的结局　214

一、《西游记》中的复仇悲剧　214

二、正史与小说中妻报夫仇的类型与结局　216

三、统治者对复仇行为的态度变化　222

四、复仇文化对当今复仇案件处理的影响　227

《西游记》中的盗抢类犯罪　239

一、唐僧口中的"公取窃取皆为盗"　239

二、猪八戒偷拿纳锦背心的行为如何定性？　241

三、从"公取""窃取"到"明火执仗""白昼抢夺"的律义转变　244

书里书外"弼马温"　256

一、《西游记》中众所周知的弼马温　256

二、历史上的御马监　258

三、"流内官"与"流外官"　262

参考文献　273

后　记　279

导　言

　　大约是十年前，本人在一次日常阅读中，关注到了文学作品中所涉及的法律问题，从此便开始留意一些文学艺术作品中出现的法律问题或法律现象，以此为问题导向，结合自身的专业优势，深入探讨这些法律问题或法律现象背后的法理基础及其历史发展规律，尝试与现实社会中立法层面的规定以及司法层面的执行情况进行对比分析。当然，在这个过程中，本人也思考过要如何处理文学艺术作品与法律之间的关系问题。如果单纯从法律的专业性角度考虑，法律与法律职业群体具有自己的历史传承和学术语言习惯，甚至形成了独具特色的专业思维方式。并且基于维护行业"独特性"的本能，法律工作者始终会保持一种自我与他者之间存在身份区别的强烈意愿，比如法学家与社会学家、哲学家、经济学家、作家、艺术家等在社会分工和学术分工上会存在很大的不同。但是，这种所谓的职业壁垒是不是不能够逾越的呢？具体到"法律与文艺"之间的关系时,是不是仅以语言以及由其构成的思想存在差异就可以将二者的关系割裂?如果不从"科学"的角度加以解释,而是从"文化"的角度看待二者之间的关系,我觉得法律与文学艺术之间存在一条通道。正如美国学者怀特(James B. White)在1973年出版的代表作《法律的想象》中说的那样:"法律不是一门科学,至少不是某些人所说的'社会科学',而是一门艺术。"[1]这种解释所带来的启发,无疑推动后来的学者们进行法学与文学、艺术、历史学的跨学科研究。

时至今日,"法律与文学"不再是一个新的话题,自怀特教授后,1988年波斯纳教授的《法律与文学——一场误会》[2]一书的出版,将法律与文学运动推向了又一个高潮。在国内,如苏力、冯象、徐忠明教授等人在"法律与文学"的研究中起到了引领作用。也正是在这些学者的带动下,法学研究尤其是法律理论的研究,出现了新的气象,研究方法也呈多样性发展态势。"目前来看,学者们的主要兴趣是从事法律与文学的具体学术实践,比如,从经典或重要的文学作品入手,探讨其中的法律问题及与之相互纠缠的其他社会问题;或从重要的法律案例及讨论入手,分析其中与文学分享开放性理念的结构,及其

---

1. James B. White, *The Legal Imagination: Studies in the Nature of Legal Thought and Expression*, Boston: Little, Brown and Co,1973,pp.xxxiv-xxxv.

2. Richard A. Posner, *Law and Literature: A Misunderstood Relation*, Cambridge: Harvard University Press, 1988.

相关的语言问题。再如,从文学创作和法律规制的关系入手,思考两者此消彼长的关系及其理由;或从历史中的文学与法律关系角度,考量作为意识形态控制策略的文学对法律实践的潜在支配。还有就是,考虑法律与文学的学术实践本身对法律教育的意义并身体力行。"[1]本书选择的是第一种研究路径,即从经典的文艺作品[2]入手,探讨其中所涉及的法律史问题,结合对法律发展历程、流变的梳理对这些法律问题、法律现象进行分析,并尝试从礼法关系的角度解答这些法律问题、法律现象背后的立法原则和法理基础。

本书选取了三部较为经典的文艺作品作为讨论对象,共分为三篇。

上篇由法国现实主义画家让-弗朗索瓦·米勒的代表作《拾穗者》引出拾穗行为中存在的基本法律问题,通过对拾穗行为进行定性和定量分析后,认为西方宗教法中允许拾穗行为的存在,是为了满足人的最低生存需求,在实现生存权的前提下要顾及人的尊严和自由,强调有救助能力的个人或组织的救助义务。这为后世不同时期福利制度的设计提供了逻辑起点,也为福利社会的实现提供了理论基础。此外,本编采用比较研究方法,对拾穗行为在传统中国的制度设计和实践方式也进行

---

1. [英]伊恩·沃德:《法律与文学:可能性及研究视角》,刘星、许慧芳译,中国政法大学出版社2017年版,译序第1—2页。
2. 本书将研究对象扩大到文艺作品,即包括文学作品和艺术作品两种。

了探讨，比较分析后发现，依靠个人或组织的救济方式在传统中国处于次要地位。因为在大一统的集权制下，国家往往采取以"措施制度"为主的济贫模式，为政在民的思想贯穿于"王道""德政"的统治意识中，并逐渐形成了符合中国国情的制度设计。基于中西方不同的福利发展观，我国不能效仿欧洲的福利发展模式，而是要结合我国国情和传统，构建"中国式的福利社会"，既要发展完善以政府为主导的"福利国家"建设，也要强化市民社会对"福利"的自我运作。

中篇选取莎士比亚的《量罪记》——一个关于未婚通奸行为该如何处罚的故事——作为讨论的开端，仍然采用比较研究的方法，主要探讨中西方古代法律中关于通奸罪规定的异同之处，重点从法律文化及其相关司法传统的角度对我国通奸罪的存废做一个历史性的考察。通奸罪是一个古老的罪名，历史上诸多国家都曾以法律手段对通奸行为进行惩治。在西方国家尤其是有宗教信仰的地区，对通奸行为的惩罚则更为严厉。之所以对通奸行为进行法律上的规制，究其原因，主要还是出于血脉延续、财产继承、家庭关系、社会风化等方面的考量。从近代社会开始，一些国家和地区纷纷对通奸罪予以废除。同样，中国历朝历代的法律中都明确指出男女通奸是一种违法犯罪行为，需要国家强制力予以纠正。到了20世纪初，在清末法律变革中，通奸罪被废除。受《量罪记》的启发，通奸行为还可细分为婚内通奸与未婚通奸两种，人们对通奸行为的理解，多倾向于前者。事实上，不正当性行为的发生是在婚前还是婚后，二者的行为性质、对家庭继承的破坏力、后果的补救措施等方面都存在着较大差异。基于未婚通奸的违法属性较低，即便是在通奸罪名存续的时代，对这类犯罪也并不完全严格按照法律规定来判决。所以，有必要对通奸罪进行类型化讨论。

下篇是从《西游记》中探法史。作为一部神怪小说，《西游记》的写实性往往是点到为止，这也恰恰给读者预留了借题发挥的空间。书中涉及权力谋夺、官员升黜、赏罚制度、财产律法等中国古代政治法律制度中的许多问题。所以，《西游记》不仅仅是一部神怪小说，还是一部反映中国古代社会制度史的经典之作。所以说，一切幻想都离不开现实社会，都不可能凭空创造出来。本编便选择了《西游记》中六个法律味道较浓的故事选段：第一个是猪八戒在高老庄的强占婚；第二个是在《西游记》中出现多处的招赘现象；第三个是孙悟空对百花公主不孝的斥责；第四个是唐僧母亲的复仇；第五个是唐僧对猪八戒私拿三件纳锦背心的劝阻；第六个是孙悟空对"弼马温"官品的不满。写作思路就是从《西游记》这些桥段的细节和只言片语中窥探中国古代法律制度的具体规定，寻找司法案例的实际样貌，思考传统道德观念对法律的影响，解构《西游记》中的法律背景，从法学角度重新审视《西游记》。

总之，本书的写作初衷是要从文艺作品中发现法律，并通过法律丰富我们对文艺作品的理解。

上 篇

《拾穗者》与中西福利制度

油画《拾穗者》（又名《拾麦穗的妇女》）由法国杰出的现实主义画家让-弗朗索瓦·米勒于1857年创作完成，现珍藏于巴黎奥赛美术馆。该画采用横向构图，色彩温润，画风淳朴，描绘了法国乡村秋季收获后，人们从地里捡拾剩余麦穗的情景。该画的主体部分是近处的三名妇女，她们身着粗布衣裳，脚穿沉重木鞋，体态健硕，每人手里还握着一小捆麦穗。有高有低的三人正弯腰寻找、捡拾着散落在田野里的麦穗，动作极富连贯性，带给人们一种节奏感。衬托三人的是远处广袤的田野、高高的麦垛和忙碌的人群，使得整个画作呈现出一种自然又淳朴的田园之美。《拾穗者》是米勒最具代表性的作品，现已成为世界各国美术学教科书中的经典一章。

如果您反复观赏《拾穗者》这幅油画，不仅会在视觉上感受到它的淳朴之美，还会在这幅内容朴实的画作中体会到一种不同寻常的庄严感。布置在画面左侧的光源映射在三个"纪念碑"一般的人物身上，使她们显得愈发具有忍耐力。或许长时间的弯腰劳作已经使得她们非常疲惫，可这三名农妇仍在坚持。虽然脸部被隐去了，却显得她们的动作和躯体更加富有表现力——忍耐、谦卑、虔诚。拾穗行为源于《圣经·旧约》"利未记"中的一篇，摩西借助上帝的力量制定律法，其中一条说："在你们的地收割庄稼，不可割尽田角，也不可拾取所遗落的……要留给穷人和寄居的。我是耶和华，你们的神。"而《拾穗者》正是对这一情景的具象描绘，同时蕴含丰富的寓意，引导观者思考人与人之间的关系。难怪评论家朱理·卡斯塔奈里看过《拾穗者》后，发出了"这比见到一个圣者殉难还要痛苦地抓住了我的心灵"[1]这样的感慨。也有人这样评价："从这三个穿着粗布衣衫和沉重木鞋的农妇身上感到一种深沉的宗教情感，在生存面前，人类虔诚地低下他们的头。虽然远处飞翔的鸟儿依旧烘托出田园诗般的意境，但……人类凝重的身躯似乎暗示着生存的重压。正是这种宗教般的感情使《拾穗者》超越了一般的田园美景的歌颂，而成为一幅表现人与土地、与生存息息相关的真正伟大的作品。"[2]也正是《拾穗者》的宗教内涵，使它不再仅仅是一幅伟大的美术作品，也为其他学科领域提供了思考和研究空间。对《拾穗者》的研究不应仅局限于美术学领域，该幅油画背后深层的宗教内涵对宗教学、文学、福利经济学、法文化学等多学科领域都极具研究价值。

---

1. 岑嵘：《拾穗者和福利经济学》，《读者文摘》2013年第6期，第53页。
2. 孟萌等著：《美术鉴赏》，广东高等教育出版社，2010年，第49页。

《拾穗者》中体现的基本法律问题分析

一、对拾穗行为的定性分析

从法文化学的视角来看,《拾穗者》这幅油画的核心可以概括为"拾穗"二字,"拾穗"不仅是一组动作,也是一种法律行为,体现的是不同主体之间的某种法律关系。那么,画中三名妇女拾取麦穗体现的是何种法律关系,这是我们首先应该思考的问题。结合《圣经》中的律法规定,"拾穗"行为应该同时具备这样几个要件。其一,时间要件,必须要在收割之季。如果是在收割之前,就不存在"捡拾"这一行为发生的可能。其二,空间要件,要在他人的土地上。如果是在自家田地里拾取散落的麦穗,既不符合"拾穗"的语境,也不符合《圣经》中的立法意图。其三,行为要件,必须是徒手"捡拾"麦穗,这种行为区别于有工具的收割。工具类的收割效率明显大于徒手捡拾,并且割取人的主观意愿也不同于拾穗者。如果是在他人地里用工具割取麦子,可能还会构成盗窃罪。其四,主体要件,土地主与拾穗者均属于自然人,主体地位平等,其中拾穗者具有不特定性。这种不特定性不仅表现在拾穗者人数的不确定上,还表现为其与土地主关系的不确定上,拾穗者有可能与土地主认识,也有可能与土地主不认识。基于拾穗行为的以上四个构成要件,我们可以确定,拾穗行为体现的是平等主体间的一种财产关系,应属民法的调整范畴,体现的是民事法律关系。

既然拾穗受民法约束,属于民事法律行为,那么土地主与拾穗者之间是何种具体的民事法律关系,便成为我们所要探讨的核心问题。

首先,是否为契约关系?在契约关系中有一种叫作单务契约。"所谓单务契约就是指只为一方设立权利并且只为另一方规定义务的契约。"[1]拾穗行为与单务契约颇为相似。《圣经》"利未记"篇中那句"不可割尽田角,也不可拾取所遗落的"正是规定了土地主的单方面义务。反过来,拾穗者可以享有捡拾麦穗的权利,而且这种权利是无偿的,不需要以某种义务来平衡。这是拾穗行为与单务契约的相似之处。那么是否以此就能够认定土地主与拾穗者之间构成了一种契约关系呢?不然。

---

1. [英]巴里·尼古拉斯:《罗马法概论》,黄风译,法律出版社,2000,第173页。

契约可以被简约化为可强制执行的协议，但是，构成这种协议的主体必须是明确的关系相对人。而从拾穗行为的构成要件可知，行为主体的一方——拾穗者具有不特定性，它发端于人的自由权，这也是拾穗行为的最大特点。如果拾穗者是固定主体，那么他与土地主就有可能形成这种单务契约关系。但是这样一来，拾穗者就变成了被帮扶的对象，"拾穗行为"也不再是单纯的自由行为，甚至还会有强制力的渗透（就此问题，还会在下文中做深入讨论）。

其次，是否为赠与关系？赠与是一种比较典型的合同关系，《中华人民共和国民法典》第657条明确规定："赠与合同是赠与人将自己的财产无偿给予受赠人，受赠人表示接受赠与的合同。"赠与关系同样需要明确的关系相对人，并且受赠人还要有接受赠与的明确意思表示。而"拾穗行为"中不仅缺少明确的关系相对人，而且遗落麦穗与捡拾麦穗之间可能会存在时间差，甚至还会出现没有人来捡拾的情况。所以，如果认定拾穗是一种赠与行为，未免太过牵强。此外，与赠与行为相关联的还有一种捐赠行为。但是，捐赠的构成要件中要求有接收捐赠物的托管机构，显然，拾穗行为也不符合捐赠的构成要求。

再次，是否为某种物权关系？古罗马法学家盖尤斯和优士丁尼在取得有形物的方式上做了两大类划分，即自然法方式和市民法方式，后来的评论学派在此基础上做了进一步优化，也就是我们今天所说的原始取得和传来取得这两个类别。[1]

为了论述的方便，我们先来考察"传来取得"这种取得有形物的方式。传来取得在理论上应该包括要式买卖、拟诉弃权和让渡三种方式，但前两种方式在优士丁尼之前就已在实践中消失了，唯一在优士丁尼法中仍然保留的转让方式就是让渡。让渡的核心即交付，交付在法律上是一种无色的行为，它会根据行为实施时的具体情况涂上法律的颜色，如基于买卖协议的交付，让渡的就是所有权；基于租用目的的交付，让渡的只是持有权；基于债务担保的交付，让渡的是占有权。"在技术语言上，让渡的效力取决于它的'原因'，并且这种情况中的'原因'是指当事人在进行让渡时所约定的目的。"同时，评论学派还强调，"让渡不再是因某一原因而发生的，而是一种抽象的转让"。[2]如果我们把拾穗行为看作一种抽象的转让，那么，土地主与拾穗人之间所约定的目的会是什么？是生存权（生命权）吗？我们知道，作为人的基本权利，生存权、生命权是不可以转让的。土地主把麦穗遗落在田地里，这一行为能否被视为一种交付？笔者认为，交付是明确法律关系的行为，同样需要确定的相对人。综上分析，将拾穗行为认定为一种让渡，实

---

1. 关于取得有形物方式的详细阐述，可详见巴里·尼古拉斯所著《罗马法概论》第三编第三章。
2. ［英］巴里·尼古拉斯：《罗马法概论》，黄风译，法律出版社，2000，第123页。

为不妥。

先占是原始取得的原型,这种方式主要表现为通过对无主物实行占有而取得对该物的所有权。何谓"无主物"?它可能根本就没有所有者,也可能是被其所有者抛弃的。抛弃属于物权变动的一种,"是指权利人不将其物权转移于他人而使其物权归于消灭的单独行为。……在抛弃动产物权时,如抛弃的为所有权,则除有抛弃的意思表示外,还须放弃对该动产的占有。抛弃所有权为无相对人的单独行为,故无须向特定的相对人为意思表示"。[1]显然,土地主不收尽庄稼,遗落散穗在田地的行为是土地主的单独行为,麦穗属于动产,土地主在抛弃麦穗之前,也无须向拾穗者进行意思表示。故而,土地主抛弃麦穗的行为为所有权转移创造了条件,至此,麦穗成为无主物。先占的构成要件有:标的物为无主物,即该物在被占有时不为任何人所有;标的物须为非法律禁止占有之物;须占有标的物;须有占有的意思。拾穗行为符合先占的构成要件:麦穗被土地主抛弃,成为无主物;麦穗并非法律所禁止占有之物品;拾穗者通过捡拾这一行为占有麦穗;为生存之需要,拾穗者有获取麦穗的主观意愿。

还有几种情况需要简单说明。

第一,如果在歉收的年景,土地主主观上也不希望有麦穗

---

[1] 申卫星、傅穹、李建华:《物权法》,吉林大学出版社,1999,第104页。

遗落在田野里，那么对田野里遗落的麦穗是否仍视为抛弃，捡拾行为能否构成先占。有学者认为，只要土地主没有对遗落在田野里的麦穗有明确的不放弃所有权的意思表示，就仍视为一种抛弃，捡拾行为仍为先占。

第二，原始取得的另一种方式是孳息取得，庄稼的收获、动物的生产都属于孳息物。但孳息的取得必须要有原物，至少要有对原物的使用权，如佃农租种土地主的庄稼，收获时可以获得孳息。但捡穗者只是单纯的拾取麦穗，他与土地主之间并没有租赁关系，也没有获得过原物的使用权，所以，拾穗行为并不属于孳息取得。

第三，拾得遗失物也是原始取得的一种，但遗失物本身的所有权性质发生改变具有时效性，而土地主是自动放弃麦穗所有权，所以麦穗本身并不属于遗失物，故而拾穗行为也不属于拾得遗失物。

综上分析，拾穗行为应属于一种先占。这种原始取得的方式不仅简单便捷地避免了所有权纠纷，而且从法理学的角度看，它还保障了穷苦人的生存权，更为可贵的是它维护了"人人生而平等"的人格尊严。[1]

---

1. 生存权是社会权利，而人格尊严则是一项自由权利。从人权形成的发展历程来看，正是从自由权利向社会权利的转变。详细观点请见［日］桑原洋子《日本社会福利法制概论》，韩君玲、邹文星译，商务印书馆，2010。

二、对拾穗标的的定量分析

分析了拾穗行为的法律性质后,对拾穗标的做定量分析也是相当必要的。它可以帮助我们从直观上考察捡拾麦穗对穷苦人的生活到底会有多大的改善。此处笔者欲从如下两方面进行讨论。

1. 数量分析

对捡拾麦穗数量做分析是相当困难的,这种自由的行为受到自然、人为等多种因素的影响,而且也没有权威的数据记载以供我们进行分析,目前仅能从散见的故事中窥探一二。《圣经·路得记》[1]中记载:

> 波阿斯看到路得在自己田里,跟在雇工后面拾麦穗,就问:"那拾麦穗的女子是谁?"他的雇工告诉他:"她就是拿俄米带回来的儿媳妇路得。她问我们说,可不可以让她在地里拾麦穗。我们就同意了。很不容易啊,她靠拾麦穗养活她的婆婆,天不亮就来了,天黑了才离开,中间也

1.《圣经·路得记》讲述的是一个背叛信仰后自我救赎的故事。犹太人利米勒因为大饥荒,带领自己的妻子拿俄米和两个儿子离开了伯利恒,去往了异教区生活。后来,上帝惩罚了利米勒一家,使他们生活难以维系,让拿俄米和她的两个异教儿媳成了寡妇。迫于生存,拿俄米决定回到伯利恒,儿媳路得决定跟随拿俄米。此时正值伯利恒大麦丰收,路得就靠捡拾麦穗来供养婆婆。

不见她歇一会儿。"波阿斯听了这番话非常感动，他对田间的农工说："这个女子非常贤惠，你们要多撒一些麦穗在地里让她拾去养活婆婆。"

就这样，路得在波阿斯的地里一天拾取了一伊法的大麦。"伊法"是一个古老的容量单位，"一伊法"大约折合22升，可折算为44斤；需要强调的是，这44斤是未经脱壳的原麦。参考我国目前的生产工艺，根据面粉的精细度不同，出粉率可分为几个等级，有20粉、40粉、50粉等一直到80粉。出粉率高，面粉比较黑；出粉率低，面粉比较白，所以有全麦粉和精粉的区分。现代农业技术达到了100斤未脱壳小麦的损耗率在15%到30%之间，就此推断，古代研磨技艺相对落后，损耗率肯定不低，但44斤的原麦差不多也能出25斤左右的非精细面粉（拾取的麦子质量并不高，出粉率也相应会低，后面还会谈到拾麦的细节问题）。由此看来，路得一次性捡拾麦穗的数量还是很可观的。但有圣经研究专家曾这样说，这些面量也就是一次馍饼的面量罢了。有这种感慨也并不为过，在没有其他辅食的情况下，20多斤面粉也就能维系两个人几天的生活。而且路得还得到了波阿斯的特殊照顾，波阿斯让工人故意多留些麦子在地里让路得捡拾；此外，只有收割季才有捡拾麦穗的机会，并不能依靠捡拾麦穗持续维生。所以，通过数量分析，我们不难推断，捡拾麦穗对穷苦人而言仅能暂时糊口而已。

2. 量能分析

在伯利恒乃至整个信仰《圣经》的宗教世界，拾穗是上帝赐予穷人的一项生存权利。以上我们对捡拾麦穗的数量进行了分析，接下来还需要考量的是这项权利到底有多大。穷人虽然可以到他人的土地里捡拾麦穗，但是捡拾麦穗仅能满足穷人最低限度的生存需求，不可能使穷人变成富人。这是神法在设计这一律条时考量到的一个穷人的权限问题。

《圣经》中出现的这条律法也只是明确允许捡拾麦穗这一行为的发生，但并不是所有类型的田园都被允许进入；同时，该条律法也仅限于捡拾行为，割取、采摘、私食等其他行为并不被允许。根据《圣经》这条律法对穷人权限的规定，拾食瓜果蔬菜的行为在通例上也是不允许的（除非田主同意），毕竟瓜果蔬菜之类已经高出了人的最低生存需求，这种捡拾有时甚至会侵犯到田主的权利，这也不是摩西立法时所愿见到的。

同样，私自采食瓜果蔬菜在中国古代立法中也是被严格禁止的行为。如《唐律疏议》规定："诸于官私田园，辄食瓜果之类，坐赃论；弃毁者，亦如之；即持去者，准盗论。"疏议解释说："称'瓜果之类'，即杂蔬菜等皆是。若于官私田园之内，而辄私食者，坐赃论。其有弃毁之者，计所弃毁，亦同辄食之罪，故云'亦如之'。持将去者，计赃，准盗论。并征所费之赃，各还官、主。""主司给与者，加一等。强持去者，以盗论。主司即言者，不坐。非应食官酒食而食者，亦准此。"

疏议解释说:"当园主司,将瓜果之属给与人食者,加坐赃罪一等,谓一尺笞三十,一匹加一等。给与将去者,准盗上加一等,一尺杖七十,一匹加一等。'强持去者',谓以威若力,强持将去者,以盗论,计赃同真盗之法,其赃倍征,赃满五匹者,免官。若监临主司自强取者,加凡盗罪二等,除名、倍赃并依常律。主司当即言告者,主司不坐。'非应食官酒食而辄食者,亦准此',谓辄食者,坐赃论;弃毁者,亦同持去者,准盗论;强持去者,以窃盗论。若主司私持去者,并同监主盗法;若非主司,不因食次而持去者,以盗论。强者,依强盗法。"[1] 可见,在我国古代,在公私田园中摘食、弃毁、私自带走瓜果蔬菜的行为是触犯刑律的。

到了明清时期,国家法中有"盗田野谷麦"条,该条规定:"凡盗田野谷麦菜果及无人看守器物者,并计赃,准窃盗论。免刺。若山野柴草木石之类,他人已用工力,砍伐积聚,而擅取者,罪亦如之。"大清律对此条的解释中强调,行为限定在"田野""山野"。"凡谷麦菜果,尚在田野,未经收取到家,及一切无人看守之器物,而有盗者,与在家及有人看守者不同,故计其所值之价,准窃盗法,并赃论罪。免刺。若山野柴草木石之类,本无物主,人得共采,但他人已用工力,斫伐

1.〔唐〕长孙无忌:《唐律疏议》卷第二十七《杂律》"食官私田园瓜果"条,刘俊文点校,法律出版社,1999,第555页。

积聚，是即其人之物矣，而擅自将去，取非其有，犹之盗也，故亦如上罪科之。"[1]可见，明清律更为关注物的归属问题，如果是山野中无主之物，那么可以国人共有之；但已经被他人伐采的，则不能擅自拿取。此条最为重要的是对田野中尚未收割的谷麦归属的明确，擅自割取者，计赃可准盗论；但对于收割后遗落的谷麦是否可以自由拾取，并没有明确说明。

一点麦穗，在富人手中可能就只是多了个面包，但在穷人那里也许能挽救一条生命。福利经济学家创始人庇古曾这样说过："从富人手中拿走一块钱，福利损失是一块，而这一块钱到穷人手中，福利增加是100块，两者相抵，社会总福利增加了99块。"[2]摩西以神谕的方法制定的这条律法，对整个犹太民族乃至整个信仰《圣经》的宗教世界来说，无疑是一种资源的最优化，落实到世俗社会，其实也可以看作富人给予穷人的一项福利。

1.〔清〕沈之奇：《大清律辑注》（下册），怀效锋、李俊点校，法律出版社，2000，第601页。

2. 岑嵘：《拾穗者和福利经济学》，《读者文摘》2013年第6期，第53页。

传统中国的救济制度

一、拾穗行为的中国境遇

路得捡拾麦穗供养婆婆的故事可谓《圣经》中的经典篇章,路得不但被允许在土地主波阿斯的地里拾穗,最终还成为波阿斯的妻子。如果没有《圣经》上的这条律法,路得可能就无法活命,也将没有大卫王,更不会有耶稣的出现,没有圣诞节……人类的宗教史也许会被彻底改写。

同样是捡拾麦穗,在中国的境遇却各式各样。唐代诗人白居易的《观刈麦》为我们描述了这样一番景象:

> 田家少闲月,五月人倍忙。夜来南风起,小麦覆陇黄。
> 妇姑荷箪食,童稚携壶浆,相随饷田去,丁壮在南冈。
> 足蒸暑土气,背灼炎天光,力尽不知热,但惜夏日长。
> 复有贫妇人,抱子在其旁,右手秉遗穗,左臂悬敝筐。

听其相顾言，闻者为悲伤。家田输税尽，拾此充饥肠。
今我何功德？曾不事农桑。吏禄三百石，岁晏有余粮。
念此私自愧，尽日不能忘！[1]

好一句"右手秉遗穗，左臂悬敝筐"，与米勒的画作形似；好一句"家田输税尽，拾此充饥肠"，与《圣经》路得的故事神似。虽然白居易写此诗的目的在于抨击唐中后期的税收制度，但我们通过《观刈麦》的田间描述可知，拾穗行为在唐代并没有被明文禁止。

然而，这种不禁止带有很强的地域性和随机性，并不是在中国所有朝代、所有地区都通行。当收成不好时，地主对土地的出产物就会非常地珍视，认为遗落过多的麦穗是一种浪费；而当收成好时，其他人到地里捡拾麦穗，土地主也许就会视而不见。但是，中国历史上也不乏因为捡拾麦穗而发生的案件，甚至是人命大案。

清代《新增刑案汇览》中记载了一起京控案件。张二欢与邻村无服族人张俊熙之母朱氏平时并无仇怨。一日，张二欢同父张树行，弟张举、张大，连同本家亲戚在地里割麦，并将麦运到晒场摊晒。此时，朱氏带着小孙子去捡拾遗落的麦穗。张树行向其喝阻，两人发生口角，朱氏扭住张树行撞头拼命。张

1.〔唐〕白居易：《白居易集》（一），中华书局，1979，第45页。

二欢赶过来，用木鞭杆殴伤朱氏额头。后张二欢之叔张春路过，上前劝慰，朱氏愤气未平，又独自一人趋至张二欢家理论。因张二欢等都在地里干活，家内无人，朱氏气愤未释，便在张家堂屋梁上自缢了。张举回家后发现朱氏，立刻喊过路人程三臣帮忙将其放下，但朱氏已气绝殒命。朱氏儿媳高氏在家得知此事，痛彻心扉，亦即轻生，投入门前井内，所幸援救得生。命案报官，张二欢逃逸。三年后朱氏子张俊熙外出归家，得知此事后，认定其母朱氏年老，不会无故轻生。后又得知当时张二欢弟兄家眷俱在场内，张春又系张二欢胞叔，便怀疑其母是被群殴致死后伪装成上吊自杀，再贿赂仵作出具缢死的伪证，甚至认为程三臣也有受贿作伪证的嫌疑，因而上控至府，后又添砌情节，进京赴都察院控诉。该案交河南巡抚查办。河南巡抚将张二欢比依"因事用强殴打威逼人致死致命而非重伤杖一百，徒三年。例上量减一等，拟杖九十，徒二年半"拟罪。对张俊熙则照"申诉不实拟杖"。

刑部在复核此案时，发现此案尚存诸多疑点，可能另有隐情。刑部的审理意见认为："将张二欢照因事用强殴打威逼人致死致命而非重伤例，量减拟徒，殊不足以成信谳。至张俊熙因伊母自缢身死，情节本有可疑，张二欢又未弋获到案，虑恐母命无偿，屡次上控，均未亲提，是以赴京呈诉，系属痛母情切所致，与因别事牵控多人，希图拖累者迥不相同。现据审明，所控均已得实，自应免其治罪。该抚将张俊熙照申诉不实律,拟以满杖,而于所控书差舞弊等情未能研切根究。"所以,该案最终发回河南巡抚重审,要求河南省再行提犯研讯,务得确情。[1]

很明显,同样是捡拾麦穗,但这起案件发生时的场景远没有油画《拾穗者》那样的宁静和谐,甚至因为一老一小去捡拾麦穗还受到了呵斥,又由呵斥上升为肢体冲突,最终酿成了人命惨案。这起案件没能追踪到最终判决,也未能查清朱氏的真正死因,但是我们不难想象其在捡拾麦穗时被呵斥所产生的羞辱和委屈。案件细节之处在于刑部的一个质疑,即同在麦场的其他张家众人,非但没有上前劝和,反而在旁冷眼观之。其中的原因耐人寻味,如果说是事不关己高高挂起,显然无法说通,因为发生冲突的一方也是张家人。那么,还有一种可能就是,张家人都默认朱氏去麦场捡拾麦穗的行为是不对的,而且在训斥之后发现她还是一个泼妇,认为教训她一下并不为过。这样分析下来,我们会发现,虽然这是一起人命案件,但其背后的案发原因却是传统中国社会对他人在自家地里拾取麦穗这种行为的一种否定态度。宗教社会因为有神谕法的支持,所以容易在拾麦这一问题上形成共识(无论是自愿还是无奈),甚至虔诚的信徒往往在贡献、奉献的行为上走得更远。然而,传

---

1. 该案来源于《新增刑案汇览》卷十六"断罪引律令"门"京控案不准摘引申诉不实律迁就完结"条,法律出版社,2007,第317—319页。

统中国没有类似的神谕法,也没有国家法的评判标准,所以对这种行为的态度往往带有很强的不确定性,因人而异、因时而异、因地而异的情况比较普遍。有人同情穷苦人的生存现状,会默许他人去自家地里捡拾麦穗;有人会比较冷漠,认为舍与不舍完全在于自己的决定,他人的穷苦与自己无关。朱氏最终是死于自尽还是死于张二欢给的额头之创,我们已无从知晓,但这确实是一个不应该发生的悲惨故事。

在接下来的这起案件里,死者似乎死得更冤。案件仍然发生在清代嘉庆年间,死者是一名十二三岁的幼女,唤作魏长娃子。她本是去山坡上捡柴,路过地主成维锦的菜地,因为饥渴不堪,顺手刨食了一根萝卜。成维锦见有一孩童在地里吃萝卜,二话不说上去就是一巴掌,魏长娃子没有防备,这一掌打在她的右颊腮,她顺势倒地后垫伤了左右后肋,六日后不治身亡,后经检验是死于内伤。刑部审理意见认为:"幼女魏长娃子见地内种有萝卜,乘便刨食一枚,不过童稚,恒情并非行窃罪人,该犯将其殴伤毙命,自应以斗杀定拟。"最终,成维锦因一根萝卜被判绞监候。[1]

该案的起因虽不是缘于拾麦,但一个未成年的孩子因为饥渴难耐而吃了他人地里的一根萝卜,这与拾麦延续生命的道理

---

1. 该案来源于〔清〕祝庆祺、鲍书芸等编《刑案汇览三编》(三),北京古籍出版社,2004,第2116页。

比较相似。谁承想魏长娃子却因这根萝卜命丧黄泉，实属大冤。成维锦也可能气愤于孩子在吃萝卜前，没有征询他的同意。但一个小孩顺手刨食萝卜并非大过，从常理上判断她也没有偷盗的主观恶意，成维锦的行为是过激了。可以理解的是，土地是农业社会劳动群众的安身立命之本，劳作一季，眼看丰收在即，自己的劳动有了成果，便开始变得紧张和敏感，对一切可能破坏、侵占土地出产物的人和物都不能容忍。笔者认为，最大的原因还是在于经济的不发达，当大家都处于贫困状态时，可能只是程度的不同而已，那么你想让其中的一方出让自己不多的财物去接济他人，加上没有法律的约束和道德上的自觉，从人的本性出发，大多数人是不忍和不舍的。

作家莫言曾在诺贝尔文学奖颁奖典礼上讲述过发生在自己身上的一个故事："我记忆中最痛苦的一件事，就是跟着母亲去集体的地里捡麦穗。看守麦田的人来了，捡麦穗的人纷纷逃跑。我母亲是小脚，跑不快，被捉住，那个身材高大的看守人扇了她一个耳光，她摇晃着身体跌倒在地。看守人没收了我们捡到的麦穗，吹着口哨扬长而去。我母亲嘴角流着血，坐在地上，脸上那种绝望的神情让我终生难忘。"可见在莫言儿时，捡拾麦穗是一项不被许可的行为。所以当看守麦田的人过来时，拾麦穗者的第一反应是逃跑；而看守麦田的人不但没收了莫言母亲拾到的麦穗，还打了她，最后甚至吹着口哨离场。这一可恶的行为是守麦人对自己手中所握权力的彰显，也是倚强凌弱的表现，更是对他人尊严的践踏，而莫言和他母亲对这一切却只能默默忍耐和承受。莫言儿时正值"文革"时期，在那个"颗粒归公"的特殊年代，一个看守集体土地的守麦人没收他人捡到的麦穗也算是职责所在，但动手打人显然已经超出职权范围。守麦人为什么会这样做？为什么要这样做？又是谁允许他这样做？……这一连串的问题都值得我们深入思考。

生于20世纪20年代山东兰陵的王鼎钧先生，在其《昨天的云》中详细记录了儿时农耕收获时拾麦的生活场面，今摘录如下：

赵家割麦，我去拾麦。拾麦是跟在割麦的工人后面捡拾遗落的麦穗，《圣经》里有个女子叫路德，她因拾穗而不朽。

每天黎明时分，我跟着赵家的长工短工一同出发，他们是割麦的能手和熟手。

割麦的姿势很辛苦。麦是一垄一垄、也就是一行一行站在田里，割麦的人迎着麦子的行列迈开虎步，前实后虚，弯下腰去。他左手朝着麦秆向前一推，右手用镰刀揽住麦秆向后一拉，握个满把；然后，右手的镰刀向下贴近麦根，刀背触地，刀刃和地面成十五度角，握紧刀柄向后一拉，满把的麦子割了下来。

割麦的秘诀是"把大路子长"。十几个工人一字儿排开,人的姿势比麦子还低,远望不见人身,只见麦田的颜色一尺一寸地改变。

具有专业水准的人割麦,是不会让麦穗掉在地上的。但是,麦子在生长的时候,有些长得密、长得壮,对另一些麦苗连挤带压,使它们不见天日,这少数弱者为了接收阳光,就睡在地上,像藤蔓爬行,终于弯弯曲曲探出头来,结一个奶水不足的穗。这种麦子躲在镰刀的死角之下,侥幸瓦全。拾麦的人跟在工人后面,把这些发育不良的麦子拔起来,合法地持有。田野处处有拾麦的孩子、妇女,也有老太太。一个拾麦的健者,每季可以"收获"一百多斤小麦,许多大闺女小媳妇的私房钱就是这样存起来的。

拾麦的人绝对不能"偷"工人割下来的麦子。虽然她偶然也唱:"拾麦的、三只手,不偷不拿哪里有?"但是她绝对不能偷。"偷"来的麦穗硕大饱满,金裹银浆,人人看得出来。麦穗变成麦粒,有一套公开的程序,一点也不能掩藏。拾麦的人一旦有了"前科",就会变成不受欢迎的人,难以走进正在割麦的麦田。

拾麦也很辛苦,到中午,我简直觉得脊梁骨断了。可是看那割麦的人,越割越猛。我连裤子都被汗水湿透了,可是看那割麦的人,捧起瓦罐来喝凉水,喉管膨胀,咕咚咚响,然后一弯身,汗珠成串,像是瓦罐里的水直接喷洒出来。我跟在后面拾麦,可以看见地上的汗痕,尽管土地是那么干燥。

我想,郑板桥也许没仔细看一看割麦。割麦流的汗比锄草要多。

傍晚收工,我几乎要瘫痪了,这才万分佩服、甚至羡慕那些长工短工,他们巍巍如历劫不磨的金刚,今天如是,明天后天如是,下一季麦收依然如是,我不知何年何月才修炼得他们这副身子骨。

晚上背着拾来的麦回家,满身满脸都是麦芒。母亲把我身上的衣服脱了,用水把麦芒冲掉。麦芒经过汗水浸润,使我身上到处红肿痒痛,好像什么毒虫爬过螫过。[1]

上文章名"折腰大地",应缘于此:

母亲说,弯着腰的工作难做,老天保佑,你,还有你的弟弟妹妹,将来都能直着腰做事。

我想来想去,麦田里没有谁是直着腰的。[2]

---

1. 王鼎钧:《昨天的云》,生活·读书·新知三联书店,2013,第124—125页。
2. 同上,第125页。

笔者相信王先生写下"麦田里没有谁是直着腰的"这句话，不仅是对乡土社会劳动人民"折腰"耕耘的表象描述，深意更在于说明生活在底层社会的劳苦大众生存之不易，不论是种麦的，还是割麦的，抑或是拾麦的。王鼎钧先生曾亲历了拾麦的过程，所以他比古代其他文人雅士对拾麦的描述来得更加清楚和真切。在王先生对拾麦的叙述中，我们可以总结出其中一些默认的习俗和一套不成文的习惯法。

第一，"拾麦"可以，但绝对不能"偷麦"。王鼎钧先生说："拾麦的人绝对不能'偷'工人割下来的麦子。……拾麦的人一旦有了'前科'，就会变成不受欢迎的人，难以走进正在割麦的麦田。"这是拾麦人需要遵守的最重要的一条规则。很明显，这不属于由国家强制力保障实施的法律法规，但在现实生活中又被默认和共同遵守，一旦有人跟在割麦工人身后不是拾取弱麦而是"偷"取好麦，那么他就会被贴上一个"不友好"的标签，今后再想进田间捡拾麦穗就要受到阻拦。我们可以把这看作一条建立在诚信基础之上的"拾麦规则"，一旦违反，则会受到失信惩罚。

第二，拾麦有品相要求，超过品相的会被没收。王先生说得明白："拾麦的人跟在工人后面，把这些发育不良的麦子拔起来，合法地持有。……'偷'来的麦穗硕大饱满，金裹银浆，人人看得出来。麦穗变成麦粒，有一套公开的程序，一点也不能掩藏。"麦子的品相是作不了假的，在这里耍小聪明是使不得的。所以，拾麦者只能从地上拾弱穗，不能从割好的麦穗中拿饱穗，这是对拾麦人的行为要求。如果"偷"饱穗被人发现，拾取的麦子会被没收。

第三，拾麦的主体以妇孺为主。对拾麦的主体资格虽没有限定，但王先生也说"田野处处有拾麦的孩子、妇女，也有老太太"，可见，参与拾麦的主要是孩子、妇女，也可能是上了岁数的老人。这些人属于弱势群体，同时也不属于强劳动力，他们捡拾麦穗主要以补贴家用为目的。当然，一个手脚麻利的妇女在收割季捡拾100多斤麦子，数量也是很可观的。甚至也有人能用这些麦子攒出私房钱。张洁在《捡麦穗》一文中有说：

> 她拼命地捡哪、捡哪，一个麦收时节，能捡上一斗？她把这捡来的麦子换成钱，又一分一分的攒起来，等到赶集的时候，扯上花布、买上花线，然后她剪呀、缝呀、绣呀……也不见她穿，也不见她戴，谁也没和谁合计过，她们全会把这些东西，偷偷地装进新嫁娘的包裹里。[1]

所以，拾麦是很辛苦的，但辛苦也是有回报的。一个有

---

1. 张洁著，杨柳选编：《捡麦穗：张洁散文》，浙江文艺出版社，2016，第11—12页。

资格、能劳作、守规矩的拾麦者，他拾取的麦子也是"合法"的。这也是在习惯法下为穷苦大众开辟的生存之道。

同样是山东人，王鼎钧的回忆里虽有"折腰"之苦，但还是可以通过劳动换来所得；莫言的记忆中却只有"文革"背景下的被辱骂驱赶之苦。然而可以肯定的是，拾穗行为在中国从未获得过超越时代与地域的普遍性。

与莫言儿时经历形成鲜明对比的是安徒生儿时的经历。安徒生曾在他的回忆录中记录了一件童年逸事，那时还是穷苦人家孩子的安徒生到别人家的地里拾麦穗，被一个出名的性格暴躁的管家追打，当棍子要落下来的时候，安徒生大叫："你敢当着上帝的面打我吗？"结果那个管家不仅没有打他，还奖励了他。[1]同样是捡拾麦穗，莫言与安徒生的待遇却截然不同，只因所置身的文化环境完全不同。

油画《拾穗者》的作者米勒将三位女性形象设定为"古老而受敬仰的姿势"，似乎在向人们重现《圣经》中路得拾穗的古老故事场景。事实上，自有《圣经》开始，拾穗这种行为在欧洲就逐渐普及，正如阿奎那反复强调的，"必须有一项神法来指导人类的生活"。其理由之一就是："为了使人确凿无疑地知道他应该做什么和不应该做什么，就有必要让他的行为受神

---

1. 王兰：《安徒生童话中的基督教信仰》，《文学教育》2009年第1期，第91页。

所赋予的法律的指导,因为大家知道神的法律是不可能发生错误的。"[1]在历史进程中,拾穗作为一种慈善行为,逐渐发展成明文规定的法律。对于拾穗的立法从16世纪就已经开始,但我们对它的认识则始于18世纪,拾穗作为一种神学上的基本权利进入世俗法典之中,法国官方从神学的角度对拾穗行为进行了解释。这种经历时间检验的权利立法有利于本地资源的互相补充和满足穷人的基本生活需求。从宗教时代到19世纪,拾穗的权利向所有社会成员开放。当收割工作完成后,人们就可以去田地里拾穗,这为丧失劳动能力者或贫穷者提供了部分生活保障。这部分群体,尤其是女性拾穗,一方面符合《圣经》中的教义,另一方面,更为重要的是她们的生理特点和在社会生活中的位置决定了她们这一行为的合理性。中世纪到19世纪的欧洲普遍认为,乡村农妇的职责包括:"放牧、种菜、养蜂、缝纫、修补、储藏、协助收割,以及在公共社会中使用拾穗的权利。"在整个乡村社会中,拾穗权巧妙而有效地维持了一种平衡,土地所有者和劳动者将收割后余留在田地里的麦穗作为自己的一种慈善物资,而乡村社会中最底层、最贫穷、无法养活自己的个体和家庭则可以部分依靠这种物资维持自己

---

1. 阿奎那根据理性的不同来源,把法律分为具有等级关系的四种类型:永恒法、自然法、神法、人法。在这几种法律中,阿奎那特别强调了神法的重要性。具体内容可详见《阿奎那政治著作选》,马清槐译,商务印书馆,1963,第108页。

的基本生活。[1]

反观我国的情况,从古至今始终没有形成宗教信仰的传统,人们的精神世界没有得到"神"的约束,像捡拾麦穗这样的行为就变得很随性,并且这种随性的话语权往往来自土地主,也就是说是否允许他人捡拾麦穗,完全看土地主的心情。我们始终都将捡拾麦穗看作对穷苦人的一种施舍,当土地主不愿施舍,而你却执意捡拾时,反而是对土地主权利的一种侵犯。这也就解释了为什么莫言母亲被没收麦穗后没有反抗,甚至被打也不敢吭声。

二、传统中国的为政理念和制度设计

不同的国家形态适用不同的救济手段。摩西以自由为前提,订立《圣经》以帮助弱势群体争取生存的机会。显然,传统中国没有适于《圣经》类的神法生存的土壤,这种做法在传统中国行不通。在中国古代文明的发展中,为政在民的思想贯穿在"王道""德政"的统治意识之中,并逐渐形成了符合中国国情的制度设计。

---

1. 盛葳:《米勒的〈拾穗者〉:从基督教到大革命》,《美术观察》2020年第3期,第84—90页。

1. 远古时期便形成了"贤人养民"的为政理念

《韩非子·五蠹》中曾提到:"古者丈夫不耕,草木之实足食也;妇人不织,禽兽之皮足衣也。不事力而养足,人民少而财有余,故民不争。"这主要描述的是在自然物质丰富的情况下,人们不需要通过劳动即可生存的样貌,因为物质丰富,社会关系更容易协调,故而民不争。但不难想象的是,远古时期,生产力低下,物质条件很差,《白虎通义》里描述的场景可能更接近事实,即"饥即求食,饱即弃余"。可见,在自然无序状态下,人们有时食物充足,造成极大浪费;有时却食不果腹,连基本需求都得不到满足。在这种不确定的环境下,老人和幼儿的生存更显艰难。《管子·君臣下》里面说:"古者未有君臣上下之别,未有夫妇妃匹之合,兽处群居,以力相征。于是智者诈愚,强者凌弱,老幼孤独,不得其所。故智者假众力以禁强虐,而暴人止。为民兴利除害,正民之德,而民师之。是故道术德行,出于贤人。"在为民兴利除害的过程中,那些引导民众避免互相伤害、为老弱病残提供基本物质保障的人,被拥戴为部落领袖或联盟首领。这些"贤人"领袖多是智者或能人,他们能够带领民众走出生存困境,寻找通往幸福生活的道路。

"养人"被看作古代圣贤最典型的功绩。"养人"指予人给养,予人恩泽,予人福利。《白虎通·号》讲到"燧人"功绩时说:"养人利性。"《尚书·大禹谟》中禹曰:"於!帝念哉!

德惟善政，政在养民。"《孟子·离娄下》说："以善养人，然后能服天下。"《礼记·礼运》有说："大顺者，所以养生送死，事鬼神之常也。"《汉书·礼乐志》也说："礼以养人为本。"《春秋繁露·五行之义》记载："圣人知之，故多其爱而少严，厚养生而谨送终，就天之制也。"这些史料中出现的"养人""养民"意思相近，"养生送死""养生送终"含义一致，一方面"养民""养人"被看作"善政"的基本，"德政"的主体；另一方面"养生送终"也是社会秩序正常运行的体现。这既是政治现象，也是中国传统文化现象，一个"养"字涵盖了远古中国的一种福利态度。

2. 封建社会初始已从国家层面明确了对特殊群体的关爱态度

《吕氏春秋·禁塞》中批判了历史上的昏君"大而无道不义"，指出他们"所残杀无罪之民者，不可为万数。壮、老幼、胎殰之死者，大实平原"。有学者解释说，由于暴政和战乱，大批男女老幼惨遭杀害，胎死腹中的现象也不少见，对过往的反思即是要对这一特殊群体给予特殊关爱。《吕氏春秋》中用义理之道来批判暴君的无道，并且在《怀宠》中说要"举其秀士而封侯之，选其贤良而尊显之，求其孤寡而振恤之，见其长老而敬礼之"。由"求其孤寡而振恤之，见其长老而敬礼之"两句足见当时统治者对敬老慈少、哀矜鳏寡的推崇。此外，在《吕氏春秋》的《仲春纪》《季春纪》《仲秋纪》《孟冬纪》中都提到了对鳏寡孤独、老幼的抚恤思想。

古代君主对于鳏寡、妇幼的特殊保护，不但止于思想层面，立法方面也有体现。湖北云梦睡虎地秦简中《魏户律》有规定："廿五年闰再十二月丙午朔辛亥，□告相邦：民或弃邑居野，入人孤寡，徼人妇女，非邦之故也。"[1]意思是，二十五年闰十二月初六日，（王）通告相邦：有的百姓离开居邑，到野外居住，钻进孤寡的家，谋求人家的妇女，这并不是中国旧有的现象。这一条对鳏寡、妇女的保护态度是非常明确的，其立法意图重在对社会弱势群体的保护。

3.秦汉开始从立法层面对弱势群体的保护进行制度设计

秦简《法律答问》中有这样的内容："罢癃守官府，亡而得，得比公癃不得？得比焉。"意思是说，看守官府的废疾者，逃亡而被捕获，可否与因公废疾的人同样处理？回答是可以同样处理。可见，对于废疾者的违法行为，秦律的处罚比照一般人的处罚相对宽缓。看守官府的废疾者如若逃亡，处理方式比照因公废疾者。但是，对于废疾、年老者的申报制度，秦律有着非常严格的要求，虚假申报的行为将受到严惩。如《秦律杂抄·傅律》载："匿敖童，及占癃不审，典、老赎耐。百姓不当老，至老时不用请，敢为酢（诈）伪者，赀二甲；典、老弗

---

[1] 睡虎地秦墓竹简整理小组：《睡虎地秦墓竹简》，文物出版社，1990，第326页。

告，赀各一甲；伍人，户一盾，皆迁之。傅律。"意思是说，隐匿成童以及申报废疾不实，里典、伍老均将被处刑。百姓未到免老年龄而申报，或已到免老年龄而不加申报，弄虚作假者，罚赀二甲；里典、伍老不加告发，各罚赀一甲；同伍之人，每家罚赀一，都要流放。此条法律，一来避免废疾、耆老无所养的局面，二来防止不符合申报资格的人不劳而获。

汉代的史料中，也出现了相关的适用法律。如《后汉书·光武帝纪》记载："辛酉，诏曰：'往岁水旱蝗虫为灾，谷价腾跃，人用困乏。朕惟百姓无以自赡，恻然愍之。其命郡国有谷者，给禀高年、鳏寡孤独及笃癃、无家属贫不能自存者，如《律》。二千石勉加循抚，无令失职。'"又如《后汉书·章帝纪》载："三年春正月乙酉，诏曰：'盖君人者，视民如父母，有憯怛之忧，有忠和之教，匍匐之救。其婴儿无父母亲属，及有子不能养食者，禀给如《律》。'"可见，《汉律》中对年高、鳏、寡、孤、笃癃、无家属贫不自存、婴儿无父母亲属、有子不能养食等情况有明确规定。除了对弱势群体进行特别保护，从西汉文帝开始，还对肉刑制度进行改革，欲从根本上遏制残疾人数量的增加，此举被景帝载誉为与"赏赐长老、收恤孤独，以育群生"相并列的成功举措。

4. 汉以后的统治者将"扶助羸弱"上升为一种执政理念

到了汉代，"扶助羸弱"逐渐成为统治者的一种执政理念，因此有大量的具体措施在此时期涌现和实施。《史记·孝文本纪》文帝元年三月的一则文告记载:"皇后姓窦氏。上为立后故,赐天下鳏寡孤独穷困及年八十已上、孤儿九岁已下布帛米肉各有数。"这是因立新皇后,皇帝采取政策,对鳏寡孤独穷困百姓和老幼群体给予扶助。到了汉武帝统治时期,西汉王朝进入全盛,当时的政治体制和文化格局对后世都产生了深远影响,其中武帝采取的"振贫穷,补不足,恤鳏寡,存孤独"措施也是相当频繁的。如《汉书·武帝纪》记载"建元元年春二月,赦天下,赐民爵一级。年八十复二算,九十复甲卒",这是对耄耋老人的关怀。又如元狩时期,武帝下诏"今遣博士大等六人分循行天下,存问鳏寡废疾,无以自振业者贷与之",这里除了对鳏寡残疾的弱势群体持续关怀,还向无力维持经营的商户提供借贷,以保证其生存。从此,武帝之后的汉代历任统治者都秉承了善待鳏寡孤独老幼病残的理政思想。

到了唐宋之际,"扶助羸弱"的执政理念不再仅仅停留在中央统治层面,也开始融入地方治理当中,并且成为对基层政府官员执政的基本要求。如两唐书中多有大致的记载,即对州县官员的任职要求:"每岁一巡属县,观风俗,问百年,录囚徒,恤鳏寡,阅丁口,务知百姓之疾苦。"(《旧唐书·职官志三》)宋承唐制,据《宋史》记载:"巡幸之制,唐《开元礼》有告至、肆觐、考制度之仪,《开宝通礼》因之。……仍采访民间疾苦,振恤鳏、寡、孤、独。"(《宋史·礼十七》)可见,探访民间疾苦,扶助羸弱仍然是统治者巡幸礼制中的重要内容。进入封建社会后期，随着政治统治思想的成熟，社会经济的发展，加之资本主义萌芽的出现，中国的社会福利设施、福利制度、福利观念等都呈现出新的历史特征。尤其是清政府为了得到各族人民的支持，除了实行一系列恢复生产的经济政策，还将对社会弱势群体的救济政策纳入重要的国家战略。在清政府的内政事务中，社会福利政策被称为"蠲恤"，主要分为两类：一类是为应对自然灾害，如对旱灾、涝灾、蝗灾、震灾中灾区居民的救济，其方式主要是蠲免赋税，提供生活资料和生产资料；另一类是对弱势群体的帮扶，也是对中华敬老爱幼美德的一以贯之，主要措施是对鳏寡孤独及残疾无依者提供物质和金钱上的救助。值得注意的是，清末社会福利事业的发展出现了新的变化。此时，除传统官办福利机构存续之外，民办福利事业和西方传教士组织的福利活动也异军突起，自治性福利观念和制度得到深化。

这种体恤社会弱势群体的为政思想是为政在民的体现，统治者能够思虑社会弱势群体的生存问题，从政策上扶持这一群体的生命和健康，这些表现构成了一个福利社会的基本元素，传统中国正是通过具体的措施制度将其变为现实的。

三、传统中国的具体救济举措

中国古代对弱势群体的救助是以"措施制度"[1]来实现的，当然，这种"措施制度"并不是一蹴而就的，而是随着历史的发展、文明的进步逐渐变得清晰成熟的。虽然有关秦政的记录中几乎找不到涉及对弱势群体救助的具体举措，但秦简中依稀有"孤寡穷困，老弱独转""老弱癃病，衣食饥寒"[2]这类涉及社会无助人群的记载。两汉时期，国家针对特定人群、特定事件采取恩恤、蠲免的办法。如汉武帝在元封元年（前110年）夏登泰山时，下诏文："行所巡至，博、奉高、蛇丘、历城、梁父，民田租逋赋贷，已除。加年七十以上孤寡帛，人二匹。"（《汉书·武帝纪》）这次皇帝出巡，"加年七十以上孤寡帛"的行为，只限于其所行经的四县。第二年，武帝再次祀泰山，于是"赦所过徒，赐孤独、高年米，人四石"（《汉书·武

---

1. 有学者认为，社会福利的实现有两种方式，即措施制度与契约制度。措施制度是依据社会福利事业法实施的措施，属于行政行为。接受福利服务者不能选择自己所希望接受的服务或希望使用的设施。而且，使用的设施和被提供的服务内容，即使与自己的希望不同，也必须服从措施的决定。契约制度是服务利用者享有福利服务的选择权，可以根据自己的判断选择提供所希望使用的设施和希望接受服务的事业团体，同时也可以自由地决定服务的程度以及内容等。具体论述可参见［日］桑原洋子：《日本社会福利法制概论》，韩君玲、邹文星译，商务印书馆，2010。

2. 睡虎地秦墓竹简整理小组：《睡虎地秦墓竹简》，文物出版社，1978，第285、286页。

35

帝纪》)。这种恩赐,也是只限于"所过"之地。但是从东汉末年开始,国家开始在帮扶弱者的基础设施建设上增加投入,出现了专门用于救助弱者的固定场所和设施。

1. 到魏晋南北朝时在民政上出现了专项设施

此类设施的建设在《南朝宋会要》《南朝齐会要》《南朝梁会要》《南朝陈会要》中均有记载,其中建立"六疾馆""孤独园"属民政创制,这也是国家从基础设施建设层面正式开始实施帮老扶幼的标志。如在《南齐书》卷二十一《文惠太子长懋传》中有载:"太子与竟陵王(萧)子良俱好释氏,立六疾馆以养穷民。"可见,此时的"六疾馆"为太子所建,是一种半官方半民间性质的慈善机构。所谓"六疾"是南北朝时期较为通行的说法,根据《左传》,是六类疾病的总称:寒疾、热疾、末疾、腹疾、惑疾和心疾。其中末疾是指末端之疾,即今天所讲的四肢疾病;惑疾是指迷乱之疾,即今天所讲的精神类疾病。"六疾"后演化为各种疾病的泛称。

"六疾"受到重视,可能与当时流行的疫情有关。东汉时期的大疫,对社会危害巨大,如表1所示:

表1 东汉时期疫情统计表

朝代	统治者	时间	记载
新朝	建兴帝王莽	始建国三年（公元11年）	大疾疫，死者且半。（《后汉书·刘玄传》）
		天凤三年（公元16年）	十月，平蛮将军冯茂击句町，士卒疫，死者十六七。（《汉书·王莽传》）
东汉	汉光武帝刘秀	建武十四年（公元38年）	会稽大疫，死者万数。（《后汉书·钟离意传》）
		建武二十年（公元44年）	秋，振旅还京师，军吏经瘴疫，死者十四五。（《后汉书·马援传》）
		建武二十五年（公元49年）	会暑甚，士卒多疫死，援亦中病，遂困，乃穿岸为室，以避炎气。（《后汉书·马援传》）
	汉安帝刘祜	元初六年（公元119年）	夏四月，会稽大疫，遣光禄大夫将太医循行疾病，赐棺木，除田租、口赋。（《后汉书·安帝纪》）
		延光四年（公元125年）	是冬，京师大疫。（《后汉书·安帝纪》）
	汉桓帝刘志	元嘉元年（公元151年）	正月，京师疾疫，使光禄大夫将医药案行。……二月，九江、庐江大疫。（《后汉书·桓帝纪》）
		延熹四年（公元161年）	正月，大疫。（《后汉书·五行志》）
		延熹五年（公元162年）	规因发其骑共讨陇右，而道路隔绝，军中大疫，死者十三四。（《后汉书·皇甫张段传》）

东汉	汉灵帝刘宏	建宁二年（公元169年）	太岁在西，疫气流行，死者极众。（《备急千金要方·伤寒》）
		建宁四年（公元171年）	大疫，使中谒者巡行致医药。（《后汉书·灵帝纪》）
		熹平二年（公元173年）	正月，大疫，使使者巡行致医药。（《后汉书·灵帝纪》）
		光和二年（公元179年）	春，大疫，使常侍、中谒者巡行致医药。（《后汉书·灵帝纪》
		光和五年（公元182年）	二月，大疫。（《后汉书·灵帝纪》）
		中平二年（公元185年）	正月，大疫。（《后汉书·灵帝纪》）
	汉献帝刘协	建安十三年（公元208年）	十二月……公至赤壁，与备战，不利。于是大疫，吏士多死者，乃引军还。（《三国志·魏志·武帝纪》）
		建安二十二年（公元217年）	大疫。（《后汉书·献帝纪》）
		建安二十五年（公元220年）	时太子在邺，鄢陵侯未到，士民颇苦劳役，又有疾疠，于是军中骚动。（《三国志·魏志·贾逵传》）

从公元11年王莽新政开始到公元220年东汉献帝统治之时，两百多年间，共发生疫情二十二次，平均每十年就会有一次疫情。再从历史记载描述来看，"死者过半""死者且半""死者极众"等用词均说明了疫情流行危害之重，且有些疫情发生在军营之中，引发军中骚乱，这对当时本就不稳定的

政局确实产生了消极影响。而到了三国两晋南北朝时期，大小疫情似乎也一直没有停止过（见表2），还有了饥疫、疾疫等不同疫情种类的划分，同时伴随战争、疾疫而出现百姓流离失所的局面，这也迫使政府不得不采取应对措施。

表2　三国两晋南北朝时期疫情统计表

朝代	统治者	时间	记载
三国	魏文帝曹丕	黄初四年（公元223年）	宛、许大疫。（《三国会要·五行》）
	魏明帝曹叡	青龙二年（公元234年）	四月，大疫。（《三国会要·五行》）
		青龙三年（公元235年）	正月，京都大疫。（《三国会要·五行》）
	吴大帝孙权	赤乌五年（公元242年）	大疫。（《三国会要·五行》）
		太元二年（公元252年）	四月，围新城，大疫，兵卒死者大半。（《三国志·吴志·嗣主传》）
	吴废帝孙亮	建兴二年（公元253年）	四月，诸葛恪围新城，大疫，死者太半。（《宋书·五行志》）
西晋	晋武帝司马炎	泰始十年（公元274年）	大疫，吴土亦同。（《宋书·五行志》）
		咸宁元年（公元275年）	十一月，大疫，京都死者十万人。（《宋书·五行志》）
		太康三年（公元282年）	春，疫。（《宋书·五行志》）

西晋	晋惠帝司马衷	永平二年（公元292年）	十一月，大疫。（《晋书·惠帝纪》）
		永平六年（公元296年）	十一月……关中饥，大疫。（《晋书·惠帝纪》）
		光熙元年（公元306年）	三月……宁州频岁饥疫，死者以十万计。（《资治通鉴·晋纪六》）
	晋怀帝司马炽	永嘉年间（公元307—313年）	雍州以东，人多饥乏，更相鬻卖，奔进流移，不可胜数。幽、并、司、冀、秦、雍六州大蝗，草木及牛马毛皆尽。又大疾疫，兼以饥馑，百姓又为寇贼所杀，流尸满河，白骨蔽野。（《晋书·食货志》）
东晋	晋元帝司马睿	永昌元年（公元322年）	十一月，大疫，死者十二三。河朔亦同。（《宋书·五行志》）
	晋成帝司马衍	咸和五年（公元330年）	五月，大饥且疫。（《宋书·五行志》）
	晋穆帝司马聃	永和六年（公元350年）	大疫。（《晋书·穆帝纪》）
		永和九年（公元353年）	五月，大疫。（《晋书·穆帝纪》）
	晋废帝司马奕	太和四年（公元369年）	冬，大疫。（《宋书·五行志》）
	晋孝武帝司马曜	太元五年（公元380年）	五月，自冬大疫，至于此夏，多绝户者。（《宋书·五行志》）

东晋	晋安帝司马德宗	义熙元年（公元405年）	十月，大疫，发赤班（斑）乃愈。（《宋书·五行志》）
		义熙四年（公元408年）	军次黄兽，与伪将谯道福相持六十余日，遇疠疫，又以食尽，班师，为有司所劾，免官。（《晋书·刘牢之传》）
		义熙七年（公元411年）	春，大疫。（《宋书·五行志》）
南北朝	北魏道武帝拓跋珪	皇始二年（公元397年）	八月……时大疫，人马牛死者十五六，中山犹拒守，群下咸思北还。（《北史·太祖纪》）
	北魏明元帝拓跋嗣	常泰八年（公元423年）	四月，士众大疫，死者十二三。（《北史·太宗纪》）
	宋文帝刘义隆	元嘉四年（公元427年）	五月，京都疾疫。（《宋书·五行志》）
	宋孝武帝刘骏	大明元年（公元457年）	四月，京邑疾疫。（《宋书·五行志》）
		大明四年（公元460年）	四月，京邑疾疫。（《宋书·五行志》）
	北魏献文帝拓跋弘	皇兴二年（公元468年）	十月，豫州疫，民死十四五万。（《魏书·灵徵志》）
	南齐高帝萧道成	建元元年（公元479年）	仕齐为衡阳内史。先是，郡境连岁疾疫，死者太半，棺椁尤贵，悉裹以苇席，弃之路傍。（《南史·顾觊之传》）

南北朝	北魏宣武帝元恪	永平三年（公元510年）	四月，平阳郡之禽昌、襄陵二县大疫，自正月至此月，死者二千七百三十人。（《魏书·世宗纪》）
	梁武帝萧衍	天监十四年（公元515年）	夏日疾疫，死者相枕，蝇虫昼夜声相合。（《梁书·康绚传》）
		大通三年（公元529年）	是月，都下疫甚，帝于重云殿为百姓设救苦斋，以身为祷。（《南史·武帝纪》）
		太清三年（公元549年）	侯景围城，坚屯太阳门，终日蒲饮，不抚军政。吏士有功，未尝申理，疫疠所加，亦不存恤，士咸愤怨。（《南史·梁武帝诸子传》）
	北齐后主高纬	天统元年（公元565年）	是岁……河南大疫。（《北史·后主纪》）
	陈孝宣帝陈顼	太建六年（公元574年）	四月，诏曰："……大军未接，中途止憩，朐山、黄郭，车营布满，扶老携幼，蓬流草跋，既丧其本业，咸事游手，饥馑疾疫，不免流离。可遣大使精加慰抚，仍出阳平仓谷，拯其悬罄，并充粮种。劝课士女，随近耕种。石鳖等屯，适意修垦。"（《陈书·宣帝纪》）

所以，"六疾馆"的设置从功能上说除了治疗普通疾病，在疫情发生时也能起到迅速隔离疫情的作用。

除"六疾馆"外，还有"孤独园"的设置，《梁书·武帝纪下》记载："普通二年春正月辛巳诏：'……凡民有单老孤稚不能自存，主者郡县咸加收养，赡给衣食，每令周足，以终其身。又于京师置孤独园，孤幼有归，华发不匮。若终年命，厚加料理。尤穷之家，勿收租赋。'"孤独园可谓对前代"鳏寡孤独""老弱病残"等无家可归的弱势群体的体恤政策的具体落实，体现了统治者的"仁政"思想。

南朝齐和梁设置的"六疾馆"和"孤独园"是中国社会福利发展史上具有划时代意义的福利机构。这种福利机构的规模和形式我们现在已很难还原，也许机构本身存在地域局限性，集中在京师地区的可能性较大，但其产生的重要历史意义是不容忽视的。

2. 隋唐时期设立的"义仓"扩大了救助的内容和群体范围

与京师设置"孤独园"统一收管弱势群体的做法不同，隋代在地方上建立了"义仓"，其接济穷苦群体的范围更广。《隋书·食货志》载有襄阳县公长孙平的奏书："古者三年耕而余一年之积，九年作而有三年之储，虽水旱为灾，而人无菜色，皆由劝导有方，蓄积先备故也。去年亢阳，关内不熟，陛下哀愍黎元，甚于赤子。运山东之粟，置常平之官，开发仓廪，普加赈赐。少食之人，莫不丰足。鸿恩大德，前古未比。其强宗富室，家道有余者，皆竞出私财，递相赒赡。此乃风行草偃，从化而然。但经国之理，须存定式。"长孙公的奏书得到了皇帝的批准，于是在诸州建立起了义仓。

对于义仓的属性，原本是"即委社司，执帐检校"，就是当社为首的人负责管理,也可看作是社办义仓。后在开皇十五、十六年(595、596)两年,隋文帝又命将西北诸州的义仓改归州县管理,劝募的形式也改为定户定额缴付,义仓由此演变为由国家管理的官仓。现代经济史学者对隋代"民营"转"国营"的义仓制度给予过关注,认为:"本来是农民自筹以防灾荒的社仓粮食,便变成为田租、户调以外的一种附加税了。不过在隋文帝统治的年代里,如遇'旱俭少粮',政府尚能'先给杂种及远年粟',及时赈给。"[1]可见,隋文帝时的义仓制度在灾荒之年还是起到了一定赈灾济贫作用的。

唐代依然有义仓的存在,并且也在当时的社会生活中发挥过重要作用。《旧唐书·食货志下》记载:"制:如闻京畿之内,旧谷已尽,宿麦未登,宜以常平、义仓粟二十四万石贷借百姓。诸道州府有乏少粮种处,亦委所在官长,用常平、义仓米借贷。淮南、浙西、宣歙等道,元和二年四月赈贷,并且停征,容至丰年,然后填纳。"

除了隋的义仓制度,传统的振恤思想和政策在唐代也一以延之,并且以立法的形式加以规范化。如唐令对弱势群体做了详细而规范的分类和定义,鳏寡、老幼、残疾,指代的是不同的社会弱势群体。鳏寡是指那些无独立生活能力的老弱孤寡。老幼按照70岁以上、15岁以下、80岁以上、10岁以下、90岁

---

1. 王仲荦:《隋唐五代史》(上册),上海人民出版社,2016,第19页。

以上、7岁以下分为三等，按年龄的不同，承担的刑事责任也不同。残疾人分为残疾、废疾、笃疾三等，按唐《户令》的规定："诸一目盲、两耳聋、手无二指、足无三指、手足无大拇指、秃疮无发、久漏下重、大瘿瘇，如此之类，皆为残疾。痴哑、侏儒、腰脊折、一肢废，如此之类，皆为废疾。恶疾、癫狂、两肢废、两目盲，如此之类，皆为笃疾。"[1]并且国家从矜老怜幼的儒家思想出发，对弱势群体违法犯罪行为的惩罚还给予一定限度的减免。《唐律疏议》卷四有专条规定："诸年七十以上、十五以下及废疾，犯流罪以下，收赎。犯加役流、反逆缘坐流、会赦犹流者，不用此律；至配所，免居作。八十以上、十岁以下及笃疾，犯反逆、杀人应死者，上请；盗及伤人者，亦收赎。有官爵者，各从官当、除、免法。余皆勿论。九十以上、七岁以下，虽有死罪，不加刑；缘坐应配没者不用此律。即有人教令，坐其教令者。若有赃应备，受赃者备之。"[2]《唐律》对犯罪年龄和残疾情况还细分了"九十以上，七岁以下""八十以上，十岁以下及笃疾""七十以上，十五以下及废疾"等类别，对这类人的犯罪量刑方面多趋宽缓。结合唐律该条疏议的问答部分，我们可以较为明晰地看到唐代对老少

1.［日］仁井田陞：《唐令拾遗》，户令第九"残疾废疾笃疾"条，栗劲、霍存福等译，长春出版社，1989，第136页。

2.〔唐〕长孙无忌：《唐律疏议》卷第四《名例律》"老小及疾有犯"条，刘俊文点校，法律出版社，1999，第89页。

重疾者的处罚宽免情况（见表3）。

表3 唐代对老少重疾者的处罚宽免情况

年龄、残疾程度	犯罪	量刑
七十以上、十五以下，废疾	流罪以下	收赎
八十以上、十岁以下，笃疾	反逆、杀人应死者	上请
	盗、伤人	收赎
	余（其他犯罪）	皆勿论
九十以上、七岁以下	死罪	不加刑
	有人教令	坐其教令者
	有赃应备	受赃者备之

值得注意的是，在隋末唐初的社会动乱中，多有官员提出"百姓饥馑，不能救恤"，易发生暴乱的可能性。到了唐中后期，有官员在奏折中更是针砭时弊，指出："今海内困穷，处处流散，饥者不得食，寒者不得衣，鳏寡孤独者不得存，老幼疾病者不得养。……官乱人贫，盗贼并起，土崩之势，忧在旦夕。"（《旧唐书·文苑列传·刘蕡》）刘蕡指出了百姓因贫困会被迫走上反叛的道路，应该吸取"陈胜、吴广""赤眉、黄巾"的教训。陕州观察使崔荛"自恃清贵，不恤人之疾苦。百姓诉旱，荛指庭树曰：'此尚有叶，何旱之有？'乃笞之，吏民结怨。既而为军人所逐，饥渴甚，投民舍求水，民以溺饮之"（《旧唐书·崔宁传附崔荛传》）。这是对为政者的一种警示，

在社会治理中应该常怀悲悯之心。

3. 两宋时期建立起了不同功能的社会福利机构

到了宋朝,对弱势群体的救助机制已发展得相当成熟和完备。五代之乱,致义仓制度荒废,乾德初年,宋太祖诏令诸州恢复义仓建设,但碍于输送烦劳、在朝官员的反对等多种原因,义仓制度几经废立。宋仁宗时,诏令各州重新设置了"广惠仓"。"广惠仓"设立的目的是"给州郡郭内之老幼贫疾不能自存者"以帮扶,仍然保留了传统"义仓"的功能,但救助范围有所拓展,除了救助老幼贫疾者,对社会上特殊困难的群体也给予救济。"广惠仓"是宋代特有的仓制,从北宋到南宋都有施行,只是其间几经废弛。

《宋刑统》明确规定:"诸鳏寡孤独、贫穷老疾,不能自存者,令近亲收养。若无近亲,付乡里安恤。如在路,有疾患,不能自胜致者,当界官司收付村坊安养,仍加医疗,并勘问所由,具注贯属,患损日移送前所。"[1]在这一法律条文基础上,宋代地方,从官方到民间建立起不同层次、不同名称的救济鳏寡孤独的机构,既有专门"惠养鳏寡孤独"的机构,亦有在大寒冬日临时救济"老疾孤幼无依乞丐者"的机构。如北宋初年以来在京师开封所置东、西福田院,专门收养贫穷病患者;嘉

---

1. 窦仪等著:《宋刑统》卷第一二《户婚律》"脱漏增减户口"条,吴翊如点校,中华书局,1984,第190页。

祐八年（1063）又置南、北福田院，四院岁出八千贯作为经费，名额也由原来的二十四人增至三百人。神宗时又规定，大寒冬日可额外收养贫民，进一步扩大了受抚恤者的数额。宋神宗熙宁九年（1076）再诏："凡鳏寡孤独、癃老疾废、贫乏不能自存应居养者，以户绝屋居之，无则居以官屋，以户绝财产充其费……不足则给以常平息钱。"（《宋史·食货志上六·赈恤》）由此使京师福田院拓展至诸路州县。宋哲宗元符时订立"居养法"之后，普遍设置居养院，而福田院之名不见。南宋初又有养济院，既赈济贫乏之民，又赡养乞丐及老病者。南宋后期的广惠院、安济院、安养院、利济院等，亦都是社会福利性的救贫乏、养孤老废疾的机构。另外，为对贫与病分而养之，在"饥疫并作"之际，还设专门收治病患者的病坊、安乐坊、安济坊、养济院等机构。为收养被遗弃的孤幼，专设婴儿居、慈幼局，并制定收养法，奖励私人收养和资助收养。同时，各地州县广置公共墓地漏泽园，以安葬客死异乡及贫困无以葬者。

宋代是我国封建统治时期对弱势群体的救济实行措施制度最具代表性的一个朝代。宋代对弱势群体的救助，在制度设计上是良好的，但在实施过程中却出现了诸多问题，"措施制度的最大弊端在于，即使承认其选择权和自主决定权，但却不知道利用这一制度的方法,从而使制度有可能流于形式"[1]。

4. 明清时期的福利举措受到西方福利事业的影响

明代继承了宋代以来的养济院设置,并将这一机构向基层普及,郡县均设有养济院。《明政统宗》载洪武元年(1368)五月,朱元璋昭告天下郡县置养济院。《明代典则》载明惠帝建文元年(1399)二月诏:"笃废残疾者收养济院,例支衣粮。"《明史·食货志》也记载了仁宗、宣宗时期养济院的功能和面貌:"建官舍以处流民,给粮以收弃婴。养济院穷民各注籍,无籍者收养蜡烛、幡竿二寺。其恤民如此。"可见,养济院主要收留在籍者,将无籍贯者分布给寺院收养,以此来体现皇帝的仁政思想。除设立养济院这种广泛的救助机构,民间个体自发组织的慈善捐助活动也被记录在正史当中,《明史·孝义列传》序言中公示了"输财助官振济者"的名单共计53人;《明英宗实录》卷三十也公示了义民10人。国家对这些"助官振济"的个体给予鼓励肯定和褒奖,"皆旌为义门,或赐玺书褒劳"或"旌表义民"。

此阶段,针对特定事件、特殊人口,仍然保留了特别救助制度。据《明史》《明实录》等记载,明代有118年都曾有疫情发生,疫情的类型也非常多,如因大旱而产生的饥疫,因鼠患

---

1. [日]桑原洋子:《日本社会福利法制概论》,韩君玲、邹文星译,商务印书馆,2010,第2页。

爆发的鼠疫,还有天花类的痘症、疟疾等瘟疫。较前代而言,明代疫情的规模和感染人数达到了骇人听闻的程度。《明史》卷二十八《五行志一》"疾疫"记载了从永乐六年(1408)到崇祯十七年(1644)间的疫情二十五次,死亡人数甚众。如永乐八年(1410),登州宁海诸州县疫死者六千余人;景泰七年(1456)五月,桂林疫死者二万余人;嘉靖四年(1525)九月,山东疫死者四千一百二十八人……面对如此肆虐的疫情,明政府"出仓粟"以救饥,修惠济局以救疫。有学者对明政府的积极救助态度给予过肯定的评价:"疫病出现后,从中央到地方各级政府官员都能进行一些抗灾救疫活动,实施一些有益的防病措施。"[1]除了官方救助行为,官员的一些事迹也为时人所传颂。《明史·王英传》中记载:"(正统年间)浙江民疫,遣祭南镇。时久旱,英至,大雨,民呼'侍郎雨'。"王英因《宣宗实录》进礼部侍郎,后浙江省大旱民闹饥疫,中央派遣王英前往视察。王英行至浙江就天降急雨,缓解了旱情,疫情自然也得到了缓解,所以当地人呼"侍郎雨"。此事虽是人事与天气的巧合,但也能体会出当时明代官员对救灾的精诚之心。也有人因为在疫情中成功救治了许多人而声名鹊起,李时珍便是其中的一位。李时珍从十七岁开始,接连三次乡试不中,遂弃仕学医。嘉靖年间,蕲州发大水,江水倒灌,蕲河决口,两岸

---

1. 张剑光:《三千年疫情》,江西高校出版社,1998,第308—310页。

变泽国。水灾后不久，疫病开始出现，不少百姓相继被病魔吞噬，生命受到了疾病的严重威胁，生活也陷入了困苦之中。李时珍用当时已经掌握的诊治技术，与父亲一道全身心救治受病百姓，将许多人从死亡线上拉了回来，从此名扬大江南北。[1]

清代前期，社会福利机构和设施已经非常完善，有养济院、栖流所这样的综合性福利机构；也有育婴堂、恤嫠会这种专门针对某一类弱势群体的福利机构。从主办主体看，也呈现多样性的发展态势，有官办的，有民办的，还有官民合办的；从机构的存在时间看，有长期性的，有季节性的，也有临时性的。

民办福利机构一般是指以个人身份出资出物创办的社会福利机构。这些创办、参与慈善事业的人在当时被称为"善士""善人"，他们的身份也各异，有的是在职官员，有的是乡绅地主，有的是从商之人。目前，可以在一些地方志中找到清中至清末民办福利事业的一些记录：四川省巴县地方志详细记载了从乾隆四年（1739）到光绪二十四年（1898）间由地方商人、乡绅等出资捐建各种福利机构的情况（见表4）。

从巴县民办福利机构名称来看，多有慈恩、济世之意。此外，这一时期也存在一人建立两个慈善机构的现象。

---

1. 参见张剑光《三千年疫情》，江西高校出版社，1998，第393页。

表4　清代四川巴县民办慈善机构一览表

福利机构名称	创立时间	创始人	慈善举措
体仁堂	乾隆四年（1739）	绅民韩帝简、龙象昭等十人	给养节妇200名，孤老200名，育婴100名，代葬掩埋、立义学、施衣
体心堂	道光二十四年（1844）	宋国符等县人	给养孤老节妇，设义学、义渡，施寒衣、济米、施棺、施药
存心堂	道光二十四年（1844）	傅中和、罗茂昌等县人	给养孤老240名，节妇240名，设平民小学，施衣、施药、施棺、济米
至善堂	咸丰九年（1859）	绅民雷晋廷等	给养孤老节妇547名，设立小学3所，又设瞽目院，施药、施棺
保节堂	同治五年（1866）	知县黄朴委托至善堂首士代办，不另设堂	给养节妇72名
普善堂	同治九年（1870）	京缎匹头帮	给养孤老200名，救济女婴230名，补助游艺女学校，设立小学5所，佣工救助所1所，兼办施药、施棺
保节院	光绪三年（1877）	普善堂首士杨寄曾等	给养节妇120名，节妇子女160名
培善堂	光绪四年（1878）	绅商	给养孤老及施棺、施药
义济堂	光绪十七年（1891）	绅商	给养孤老，施棺、施药、掩埋，临时赈灾
尊德堂	光绪二十四年（1898）	周伯阳、何绍融等	给养孤老100名，设立医院，送药、施棺、掩埋，兼办临时救济

本表数据来源于岑大利《清代慈善机构述论》，《历史档案》1998年第1期，第81页。

民办慈善机构的功能大体与官办无异，主要收容给养孤老、节烈以及无人赡养之妇女，还有一些"临终关怀"和养老送终的功能。而从鸦片战争爆发之后，西方天主教、基督教等宗教传教士大量涌入中国。他们为消除中国百姓的抵触情绪，取得他们的好感和增进其对西方宗教的信仰，在各地纷纷建立慈善机构，兴办慈善事业，主要从事育婴恤孤、灾荒救助、医疗救护等慈善工作。

根据清末外交官钱恂在光绪三十三年（1907）的报告，直隶天主教事业在直隶北区（包括顺天、保定、宣化、天津四府所辖地区）有育婴堂10所，收容婴儿1292人；东区（以关东为境，今河北东北部地区）有育婴堂2所，收容婴儿24人；东南区（河间、广平等府所辖）有育婴堂4所，收容婴儿128人；西南区（以正定府为境）有育婴所5所，收容婴儿624人。[1]这些育婴堂的规模和收容能力还是很可观的。但也不是所有传教士兴办的育婴堂规模都很大，如一个属于美国基督教协会的慈幼机构主要分布在广州、上海、宁波、福州、武昌、长沙、兴化、烟台等地，这些慈幼场所一般仅收留数十名孤儿。[2]

教会对孤儿、乞儿的收养多采用"养""教""工"并举的

---

1. 钱单士厘：《归潜记》，岳麓书社，"走向世界丛书"合刊，1986，第863—865页。
2. 顾长声：《传教士与近代中国》，上海人民出版社，2013，第286页。

方式。除接济供养孤儿、乞儿，"教"主要是指教会要对这些孩童进行宗教教育和技能教育，"如在蔡家湾孤儿院开设了缝纫、木工、制鞋、印刷等技能培训，土山湾孤儿院开设了木工、制鞋、成衣、雕刻、镀金、油漆、绘画、纺织、耕作等技能培训。在1869年，它至少已拥有'七十种作品的木板，都是有关宗教和引人热心的圣书，或为教外归化，或为圣教辩护，或为训导培养教友虔诚精修'"[1]。

当时除了育婴堂，还有一些外国教会在中国创办的养老机构。太平天国被镇压后，耶稣会的伏日章神父在教友的资金资助下，创办了"老人堂"，在1873、1874两年间，老人堂共收留72名老人。另一所由耶稣会在南京机厂街设立的安老院可容纳300人。宗教养老机构主要以传教为利益出发点，所以受洗入教是接受救助的必需条件。

不过，对于清末教会创办的慈善机构和慈善事业，要有一个清醒的认识，与西方资本主义列强侵略和搜刮中国财富相比，外国教会所办的福利事业只是将其中财富的极小部分回馈于中国穷苦人民。从其根本性质来看，外国教会在中国从事的福利事业，初衷是出于传教事业的需要和教会本身经济利益的考量。总体而言，清代福利机构无论是以清前期的官办为

1.［法］史式徽：《江南传教史》第一卷，天主教上海教区史料译写组译，上海译文出版社，1983，第234、294、296页。

主、民办为辅,还是清末宗教福利机构的加入,其整体都是以"养"为救助方式,这可以体现皇恩浩荡,也符合宗教"普度众生"的教义宗旨。但当时社会因战争、动乱等原因,中国百姓普遍贫困化,加之政府财政有限,官员贪污腐化,使得许许多多本应得到救助的人没有得到相应的救助。这种情况从1911年辛亥革命后到1949年之前一直没有得到太大的改观,在这38年间,中国战争不断,灾荒频现,政治黑暗,民生艰苦,民众对于社会福利的需求空前巨大;相比之下,政府和社会各界创办的福利机构和采取的福利举措无异于杯水车薪。

四、拾穗行为在传统中国发生的概率分析

由于中国传统社会与西方宗教社会不同,我国自古以来对弱势群体的保护都通过"措施制度"来实现。历代统治者都深知"民"的重要性,如汉初在"无为而治""休养生息"的大背景下,国家先后推出了安老怀少、降赋减租、恤鳏慰寡的社会福利政策;唐帝李世民悟出了"民水君舟"的道理,实行"与民休息""恤民养民"的一系列措施;明朝朱元璋在与大臣探讨治国之道时,曾提出过"居上之道,正当用宽"的治国方略,实行了"安养生息"的恤民政策。

1. 在"重民""爱民"思想指导下出台的一系列救济举措,

有效地降低了民众自我救助行为发生的概率。

历代统治者均以"养民"作为措施制度之根本,而在这些具体举措背后是中国传统的"重民"思想和"济贫"思想的理论支撑。孟子将民置于社会各构成要素的序化关系中,提出了"民为贵,社稷次之,君为轻"(《孟子·尽心下》)的思想主张。孟子这句话所阐释的是"君""民""国家"之间的关系,他将民置于三者关系之首位,所以,从"民贵君轻"的基本命题出发,统治者均认识到"重民命""利民生"对长治久安的重要作用,如若有"虐民""残民""罔民"之事,则国家就难逃衰落的命运。荀子的"君者,舟也;庶人者,水也。水则载舟,水则覆舟"(《荀子·王制》)的告诫,正是强调了民之向背关系国家兴亡的道理。

在《大学》的开篇中也提到了:"大学之道,在明明德,在亲民,在止于至善。"[1]意思是说大学的宗旨,在于彰显人们光明的德性,在于教育人们亲爱人民,在于使人们达到至善。儒家将"至善"的境界上升为治国平天下的高度,《大学》的作者认为,所有的社会关系都是家庭血缘关系的简单放大,社会道德是家庭道德的延伸。国家家族化,政治伦理化,达到这样的治国效果,"亲民"也就实现了。这种"家国一体"的君臣关系被演化为另外一种父子关系,统治者须是"父母官",

---

1. 王文锦译解:《礼记译解·大学第四十二》,中华书局,2016,第925页。

亲民即如爱子。在政治伦理化的氛围下，要达到"民之所好好之，民之所恶恶之"，"上老老而民兴孝，上长长而民兴弟，上恤孤而民不倍"的治理效果。除了政治伦理化，"亲民"还要有实际作为，必须要遵行"德本财末"的原则。《大学》中有说："道得众则得国，失众则失国。是故君子先慎乎德。有德此有人，有人此有土，有土此有财，有财此有用。德者，本也；财者，末也。"[1]"德本财末"的关系论对统治逻辑产生了深远影响，德是对统治者的自我约束，有德者才会有凝聚力，才会得民心，治理国家才会得到民众的支持，取财同样要有道，要合乎德的要求，反之，如果统治者贪婪无德，势必会造成民众离散的结局。财是末，德是本，不能舍本逐末，散财惠民，民自然归附而来。《大学》中的"财民聚散"思想直接为封建统治者施行各种社会福利政策提供了理论依据。

墨家提出的"爱民"更加具体实际。墨子把"兼相爱则治，交相恶则乱"（《非命上》）作为治国原则，提出了"利民""爱民"的思想。《墨子》中强调的"利民"就是要给百姓以事实上的"衣食生利"，国家要为百姓提供衣、食、住、行等基本生活资料的保障；"利民"还反对国家征收沉重的赋税，主张轻徭薄役，墨家对"厚作敛于百姓，暴夺民衣食之财"（《辞过》）的做法给予谴责。国家还需在贫富之间取得某

---

1. 王文锦：《礼记译解·大学第四十二》，中华书局，2016，第935页。

种平衡,即"昔者文王封于岐周,绝长继短,方地百里,与其百姓兼相爱,交相利,则是以近者安其政,远者归其德,闻文王者,皆起而趋之"(《非命上》)。这里的"移则分"意思是说统治者能够把自己富余的财富分给百姓,这样才能与百姓"兼相爱",这也是周文王得民心的根本原因所在。墨子还归纳了夏禹、商汤、文王为政天下时的共同特征:"必使饥者得食,寒者得衣,劳者得息,乱者得治。"(《非命下》)这里不仅强调"饥者得食,寒者得衣"的重要性,还进一步强调了"劳者得息"的重要性。把"不得息"看作是与不得衣食同样严重的事情,墨子是第一人。现代各国成文宪法中均将休息权视作与劳动权同等重要的公民基本权利,这足以证明休养生息对人类可持续发展的重要作用,也使之成为中国现代福利思想的重要组成部分。

除此之外,管子虽然具有法家的早期品格,但在对"民"的态度上与上述各家并无二致。《管子》中出现的"人为本"的重民思想有:"得天下之众者王,得其半者霸。""夫争天下者,必先争人。"(《霸言》)"定宗庙,育男女,天下莫之能伤,然后可以有国。"(《七法》)"府不积货,藏于民也。"(《权修》)可见,《管子》中也蕴含着丰富的惠民思想。

无论从封建各朝统治者的具体举措,还是从各学派的学说思想,我们都可以看到"民"在中国传统社会所扮演的重要角色。在常态社会下,国家要尽可能地减少流民的数量,为老弱病残、鳏寡孤独提供物质保障；在灾荒动乱时期，国家要积极救助受灾群众，减少赋税，宽免徭役。这些关乎民众生计的大问题成为评判君主是否善政的一个标准。所以，从这个角度而言，对于传统中国的穷苦人民，政府的帮扶是一种主流的救济方式，而像拾穗这样的自救行为多是作为一种补充，其所产生的自救效果也是临时和短暂的，只能像存私房钱一样，偶尔调剂一下生活。

2. 农耕文明产生的"熟人社会"使得到陌生人地里拾穗的可能性降低。

传统中国所产生的福利观念和具体举措所依赖的地理环境也不容忽视。孟德斯鸠曾说过："法律应该和国家的自然状态有关系；和寒、热、温的气候有关系；和土地的质量、形势与面积有关系；和农、猎、牧各种人民的生活方式有关系。法律应该和政制所能容忍的自由程度有关系；和居民的宗教、性癖、财富、人口、贸易、风俗、习惯相适应。"[1]确如孟氏所言，地理环境是人类赖以生存和发展的物质基础，也是人类意识和思想活动的基础。黄河流域的农耕文明是从第四纪黄土高原形成后开始产生的，全新世冰后期黄土高原干旱少雨，气候温暖，能够采集到的植物、果实逐渐减少，可猎取的动物数量由

---

1. [法] 孟德斯鸠：《论法的精神》（上册），张雁深译，商务印书馆，1961，第7页。

于人口的增加、捕猎手段的提升也大幅减少，从而迫使原始先民开始选择新的生存方式——驯化野生动物、植物。适于食用并且耐寒、生长期短的野生粟类首先得到驯化，这也使得黄河流域的中国先民成为世界上最早种植食用粟类的群体。

五千多年来，中国各种植区域通过自身的劳动创造和不断地吸收借鉴相邻区域农耕文化的先进之处，进行文化整合和生态适应，逐渐形成了中国传统农耕文明的地域分布格局：北方旱地农耕文化区、南方水田农耕文化区、西北灌溉农耕文化区、青藏高寒农耕文化区。

农耕文明是中国建立一切制度的基础。而农业耕作具有周期性和季节性，这自然会将一定数量的人口固定在某一区域内生产生活，从而形成熟人社会。[1]熟人社会成为传统中国的一大特点，大多数农民几乎是出生在哪里就生活在哪里，也就在

---

1. 这里主要强调的是农耕文化对人口流动的消极作用。中国历史上人口的迁移其实是很频繁的，但是这种迁徙大多是出于气候变化、灾荒战争等天灾人祸，跟游牧和山地民族的游走性生活习惯截然不同。14世纪中叶以前，流民主要由北向南，即从黄河流域迁徙至长江流域以及更南的地区生活，其中又以西晋末年永嘉之乱后、唐代安史之乱后及北宋末年靖康之变后的三次人口南迁影响大，移民数量多。在明朝初年又有数百人口从长江以南迁至江淮之间和淮河流域，从山西迁至华北平原。20世纪前期，由于战乱，移民的主流是从平原进入山区，从内地迁往边疆，而随着沿海城市和工矿城市的兴起，又有大量人口从农村迁入城市。数据资料来源于谭贵全主编《中国福利思想概论》，四川师范大学电子出版社，2011，第21—22页。

哪里发生法律关系。与犹太民族的游牧型民族特征相反,[1]在传统中国,大多数人居有定所,人口的流动性小,即便有拾穗行为发生,更多的也可能是"熟人"对"熟人"的情况,到陌生人地里捡拾麦穗的情况非常少。这样一来,在信仰《圣经》的宗教世界里,"拾穗"是一种非常普遍的自由的行为,并且被视为上帝赋予穷苦人的一项权利;而在中国,这种情况相对没有西方世界普遍,并且也没有相关法律的支持,全在于土地主的自我抉择。

3. 基层长官在措施制度实施过程中发挥重要作用,流民靠捡拾农作物维持生活并非主流生存方式。

秦统一六国后,郡县制取代了原有的世卿世禄制度,由数十至一百余个郡管辖数百个县,郡县长官由皇帝直接任命,由此开启了封建社会两级地方行政体制。后世各朝在行政区划上虽有所改变,但基本框架仍然延续了秦大一统后建立起来的流官任期制。东汉末年,原来具有监察职能的监察区州成为地方最高一级行政区划,国家的政区管辖变成州—郡—县三

---

1. 游牧民族的特点是居无定所,随自然条件而迁徙,因此遇到陌生人的情况会非常普遍。《圣经》在制定该条律法时,同样尊重了以色列的自然条件。伯利恒距以色列圣城耶路撒冷不到一小时车程。以色列位于西亚巴勒斯坦地区,地中海气候,沿海为狭长平原,东部为山地和高原。巴以地区全年干旱少雨,降水分布不均,从地形上看西侧为狭长的地中海沿岸平原,适用农业开垦耕作;东部的山地和高原面积更大,适于游牧。

级制。南北朝后期，州的数量不断增加，三级制失去了实际意义，隋大业三年（607）合并、撤销了一些州县，再次将州改回郡，重新实行郡县两级制。尽管唐朝将郡称为州，但基本上仍然实行州县两级制。同样为了加强对地方的监察，唐地方增加道一级，唐开元年间，全国设置15个道，以后逐渐形成了道—州—县的三级行政区划制。宋朝废除了后唐五代备受诟病的方镇制度，在全国设立了三百多个州级单位（包括府、州、军、监），后来又设置路一级，实行专管制，在地方上形成了路—州—县三级制。元代一改前代的分权做法，中央实行一省制（称中书省），地方设行中书省，统管一地的军民事务，并成为最高一级的行政区划，省下设路（府）—州（县），有些地方设路—府—州—县四级。明初废除行省制，将原来的省改为布政司，后将国家分为二京和十三个布政司，俗称两京十三省或十五省。清初全国设为十八省，省下又设州—县二级，每省分为若干道，作为省的派出机构。我国近现代行政区域划分仍然受古代地方行政体制的影响。辛亥革命前后，重新划分路道区，形成了省—道—县三级制。国民政府废除了道，20世纪30年代又在江西设行政监督专员，不久后推广全国。中华人民共和国成立之初，仍然延续了这一做法，设有六大行政区：华北、西北、东北、华东、中南、西南。1954年宪法撤销大区，将我国的行政区域划分为省、县、乡三级。

从我国的行政区划历史发展脉络看，从秦统一六国后，我国成为中央集权制国家,地方权力由中央赋予,最高统治者把控地方州县长官的任免。在地方基层长官(州县官)的主要职责中包含了对当地民众的教化和管理工作,是百姓最能接触到、最容易亲近的国家权力行使者。地方州县长官起到了连接民众与国家的桥梁作用,地方治理的优与劣,民声反馈的好与坏都直接关乎百姓对统治者的最终评判。所以,地方官吏如何"爱民""养民""保民"就显得尤为关键。明清时期,很多为官者将自己的从政经验记录下来,或与同僚分享经验,或让后人吸取教训,其中就有很多与"民"相关的记载。如:"小儿或饥或寒,自家不会说,为慈母的保爱他,用心诚求,探求他所欲,虽不能尽中其意,也不甚相远。"[1]"灾疫大行,无知之民,惑于渐染之说。……今吾无辜之民,至于阖门相枕藉以死,为民父母,何忍坐视?言之痛心,中夜忧徨。"[2]"父母官"是中国传统社会对基层长官的形象称谓,也可以理解为百姓对官员的一种赞誉。一个优秀的地方官,应该像父母爱护子女一样爱护百姓。同时,国家为了发挥官员群体在基层治理中的纽带作用,将民生作为官员政绩考核的重要指标,与其仕途相挂钩。这促使以基层长官为代表的国家官吏群体在基层治理中积极发

---

1. 〔清〕陈宏谋:《从政遗规》卷之上《许鲁斋语录》,凤凰出版社,2016,第383页。

2. 〔清〕陈宏谋:《从政遗规》卷之上《王文成公告谕》,凤凰出版社,2016,第397页。

挥主观能动性，时刻将民生放在行政职责的核心位置，时刻关注辖区内民众的基本生活情况。官员在发生灾害时向中央申请蠲免税赋、开仓放粮，以保民生；对由灾区进入本辖区的流民，视情况给予相应的安置和帮扶，甚至在大灾或战乱时期，可通过户籍登记制度，使外来人口同样可以拥有立户、婚姻、财产等多项权利。所以，依靠民众自身力量谋取维持基本生存的方式方法，并不是中国传统社会的主流选择方式。

福利·国家·社会

一、西方福利观念的历史发展

油画《拾穗者》引出了《圣经》中摩西对穷苦人们同样拥有生存权的一种肯定态度。同时，它也成为整个西方社会传统福利观念发展中的一环。它以民间救助、平等互助、自愿帮扶为特点。但是，从1789年开始，欧洲曾有人对拾穗这样的行为提出质疑与挑战。如法国《人权与公民权宣言》第17条中规定"财产是不可侵犯与神圣的权利，除非合法认定的公共需要对它明白地提出要求，任何人的财产皆不可受到剥夺"。"财产不可侵犯"构成了法国新社会的基本原则，于是传统社会存在的拾穗这种自助行为与新的个人财产权发生了冲突，土地主普遍认为"拾穗是对个人财产的侵吞，无论这发生在哪里"，"富农和成功的农民都在为更多的自由，为摆脱公社日程和必须帮助贫农义务而努力"。[1]所以,纵观整个西方福利观念的发展历程,个体之间的相互帮扶、群体之间的简单互助只出现在整个福利发展史上的某个阶段,我们还有必要对西方福利观的发展有一个整体性的把握。[2]

1. 古典福利观

柏拉图在其《理想国》《政治家》《法律篇》中均谈及了他对幸福、福利的认识,并对"国家"进行了理想描述。柏拉图认为想让人们过上幸福生活,贤人之治格外重要。"哲学王"应具有崇高的品德,具有很强的"善性",胆量过人且目光深远。只有具有这种高贵品质的人才能成为哲学王,才能以把国家和个人引向至善作为己任,引导和培养人民按照正义和理性的原则行事。然而柏拉图的福利观亦有其局限性。在他看来,想要使公众过上幸福美好的生活,必须实行严格的等级制度。其中,贵族奴隶主作为统治者,为第一等级,负有管理国家的职责;护国者为第二等级,主要职责在于保卫国家;平民为第三等级,负有为国家正常运行提供基本物质供给的职责。在社

---

1. 转引自盛葳《米勒的〈拾穗者〉:从基督教到大革命》,《美术观察》2020年第3期,第84—90页。

2. 参阅张长伟、周义顺编著《从传统到现代:西方社会福利观的演变与转型》(中国社会出版社,2013)、林闽钢著《现代西方社会福利思想——流派与名家》(中国劳动社会保障出版社,2012)、[英]诺尔曼·金斯伯格著《福利分化:比较社会政策批判导论》(浙江大学出版社,2010)。

会三等级划分中，柏拉图并没有将奴隶阶级包括在内。这种天然不平等论更加强调社会分工因每个人的能力不同而不同，人们只有认清自己的能力和地位，各司其职，这个社会方能正常运转，人们的幸福生活才能最终实现。如果从社会分工的角度看，柏拉图的"幸福生活"理论具有一定的合理性，但是他从社会等级的天然划分不可逾越、不平等是先天注定的这种唯心论角度加以诠释，则是具有历史局限性的，在今天看来是不可取的。

同时，需要强调的是，柏拉图的福利观是一种社会整体福利观，他认为立法不是专为城邦任何一个阶级服务的，而是为了实现社会的整体幸福。这也就是说在贤人政治制度下，国家立法的目的是保障和实现社会整体幸福，而不是为了谋求个人幸福。也就是国家应通过立法，保护社会三阶层幸福生活的整体一致。这种乌托邦式的整体主义社会福利观虽然具有局限性，却是西方社会最早的对福利社会的一种构想，对后世福利观的不断发展无疑具有巨大的启示作用。

与老师柏拉图的维护社会整体幸福的福利观不同，亚里士多德的社会福利观则是站在中等阶级自由民的立场上来加以阐述的。总体来说，亚里士多德的福利观重点在于福利制度本身，他认为应该用规则、制度建立起一个完善的福利保障体系。首先，要使人们过上幸福生活，必须发展教育。这个观点与其老师柏拉图是一致的，两人都主张教育是国家的职能，是人们实现幸福生活的基础。因为教育可以培养人们的道德修养和公民素质，人们可以通过学习掌握一定的生存技能，从事各种职业，从而过上幸福生活。其次，要使人民过上幸福生活，国家应该实行财产私有制。亚里士多德认为老师柏拉图欲实现的理想国存在缺陷，财产共有制度会造成人们的懈怠和懒惰，这种安逸反而不利于幸福生活的实现。反之，财产私有制则会使人产生自爱，财产归属的明确会使得人们更加爱护己身和自有财产，人与人之间更容易产生他爱而不会轻易冒犯他人财产，为了保护和积累私有财产，人们也会更加努力工作，携手同心地追求幸福生活。第三，要使人们过上幸福生活，必须依法治国。亚里士多德强调，关乎社会和个人幸福的问题，必须通过国家立法的方式来解决。他认为靠"哲学王"这种凭借个人意志治理国家的方式，很难保证统治者不偏私、不失误。所以，只有实行法治才能保障社会稳定，也只有通过法治，才能保证人们过上有序且平等的幸福生活。第四，要使人们过上幸福生活，婚姻、家庭和生育制度同样重要。亚里士多德认为这是关乎幸福生活的重要事项，所以，国家应该实行一夫一妻制，且遵循优生原则。男性37岁、女性18岁被认为是最佳生育年龄，国家要立法禁止哺育畸形婴儿。社会应注意节制生育，因为人口过多易造成贫困，会引发社会动乱，不利于幸福生活的实现。

2. 原始基督教福利观

基督教的宗教福利思想在西方福利思想的发展长河中，占有举足轻重的地位。早期的基督教福利观是要建立一个平等和禁欲、互助和普遍幸福的"千年王国"。在这个理想国中，没有私有财产，更没有剥削和压迫，人的血缘关系被淡化，代之以互称"兄弟""姐妹"，人们过的是简单质朴的生活。这样的乌托邦生活就是所谓的幸福生活。为了实现这样的生活，就必须消除不平等、不公正的社会现象。早期基督教还要求信徒不要以暴力反抗现实，要学会忍受和顺从，要耐心等待耶稣的降生以得到救赎。这种原始的基督教福利观表达了人们对幸福生活的追求和向往，虚幻而美好的来世生活，为人们提供了心理慰藉和精神动力。随着社会的发展，原始的基督教演化成了"教父学"，主张人们要追求幸福生活，就要忍受苦难，不要与恶人作对，有人打你的右脸，你就要把左脸也转过来给他打；有人要你的里衣，你就把外衣也给他；要爱人，甚至要爱你的仇人，要为你的仇人祈祷祝福。由此可见，在整个中世纪占据主导位置的"教父学"，尽管其中也包含了一定的关于人们追求幸福生活的主张和见解，但其实质仍是缓和阶级矛盾的调和剂，这样的幸福是虚无缥缈的。

3. 文艺复兴时期的福利观

在14—16世纪，文艺复兴运动在欧洲兴起，社会科学、人文科学等多个领域均在此时期取得了巨大进步，其中人文主义社会福利观也较前代的福利观念有所发展和进步。首先，人文主义社会福利观对宗教福利观提出了质疑，认为宗教严重地摧毁了人性，人们在宗教统治下不可能真正过上幸福生活。所以，要想过上幸福生活，就必须反对神性，发展人性。其次，人文主义社会福利观强调对现世美好生活的追求，而不是将幸福生活寄托于来世。那么，想在现世过上幸福生活，就必须发展理性科学，发展教育，主张人的个性化发展。再次，人文主义者认为，人们过上幸福生活的前提是社会和平，只有和平才能带给人们自由和自我个性的解放，所以幸福生活必须以国家统一安定为保障。但因为教会对世俗生活的干预和实际控制，阻碍了国家权力真正集中在君主手中，这也间接地阻碍了人们对现实幸福生活的追求和实现。因此，人文主义者主张把世俗权力归还君主，国家实行政教分离、政治自由、信仰自由、依法而治，以此来保障社会的稳定和平，这是人们实现幸福生活的前提条件。这一时期，以人为本、尊重个性、解放天性、追求现世生活的幸福等人文主义思想，不仅影响了后世社会福利观的发展，甚至对现代福利观和社会保障制度的形成也产生了深远影响。

4. 西方近现代福利制度与观念

（1）旧《济贫法》

1601年，英国女王伊丽莎白一世制定颁布了《济贫法》（The Poor low，又叫旧《济贫法》），其后对其进行了修订（被称为新《济贫法》），这部法律规范了英国在相当长一段时间内的贫困救济机制，直到1948年才被废除。英国《济贫法》的出现标志着依赖由教会私人兴办的慈善家事业已经不再是国家救济贫困的主流方式，通过立法的方式，政府直接出面接管或兴办慈善事业，用于救济贫困人群。

旧《济贫法》对贫困人群进行了分级，根据不同等级情况，政府有针对性地给予救助。第一等是身体健壮的贫民。《济贫法》规定，对此类贫民，任何人不得给予救济，因为他们具有劳动能力，可以也必须自食其力。所以，针对身体健硕的贫民，政府要求他们进入济贫院后必须参加强制劳动，对拒绝劳动者，则用木枷囚禁起来或关进监狱。第二等是失去劳动能力的穷人，这类群体主要是因年老或疾病而丧失劳动能力。针对这类贫困人群，《济贫法》规定救济院应给予收容，或者给予"院外救济"，救济方式以发放粮食、衣物、生活燃料为主。第三等是失去家庭依靠、不能独立生存的儿童，包括孤儿、弃婴或因父母贫困无力抚养的儿童等。对于这类贫民，如有意愿领养者，可由领养者收养，若无人收养，则以订立契约的方式把这类贫儿典给富有居民免费抚养。在抚养过程中，有劳动能力的男童必须跟随师傅学习一门技艺，并凭借习得的技艺，在抚养者家中工作到24岁方可独立；女童则要给抚养者当仆人，直到21岁才可以结婚、独立。除了领养和抚养的方式，第三等贫儿还可以直接进入贫民习艺所，学习必要的生存本领和生产技能。总之，都是通过学习的方式促进其独立自主。

（2）新《济贫法》

旧《济贫法》颁布施行后，出现了许多难以解决的社会问题。一方面，城市贫民数量不断增加，需要接济的群体范围不断扩大，加重了税务负担，纳税者为此感到不满；另一方面，《济贫法》中对贫民的等级划分，实行严格的资格审查制度，对受助者的人格尊严造成了极大的伤害，为此受到了人道主义者的批评；再者，很多经济学家和社会学者认为，济贫制度为不愿意工作的人提供了生存空间，容易助长人的惰性，反而不利于调动民众的劳动积极性，这在自由资本主义经济时代自然是得不到支持和推崇的。所以，到了1834年，英国国会通过了《济贫法》修正案，新《济贫法》产生。

新《济贫法》规定济贫对象要接受当地社区和教会的管理，并且取消了院外救济方式，要求所有接受救济的贫民必须到救济院或贫民习艺所接受教育，学习技能。新《济贫法》比旧有法律对贫民的要求和限制更为严格，如其中对接受救济的贫民的权利做出了限制，如果想获取国家救济，就必须接受三个苛刻的条件，一是承认接受救济是不体面的，二是个人的人身自由要受到限制，三是失去部分政治权利尤其是选举权和被选举权。虽然新《济贫法》比旧法显得更为严苛，但是开始重视环保问题，如该法中有防止城市建筑过密、禁止砍伐灌木和幼林的规定。实际上，加强城市规划和建设，防止自然资源的过度消耗，加强环境的保护，这些都是保证人们能够获得幸福生活的长效机制。英国率先以立法的形式将社会福利问题制度化、法治化。它不仅规定了政府在济贫事业中的主导作用和主要责任，也规定了具体的实施方式。虽然其调控措施往往带有恩赐、打击人格尊严等缺陷，但其作为西方社会福利制度由传统向现代转变的里程碑意义是不能否认的。

（3）空想社会主义福利观

空想社会主义福利观是马克思主义福利观的思想来源，不仅对理解马克思主义福利观有非常重要的作用，还对理解西方现代社会福利观具有重要意义。空想社会主义福利观经历了三个发展阶段：16至17世纪早期是空想社会主义者对理想社会的描述性阶段；18世纪是空想社会主义对平均主义进行空想论证的阶段；19世纪初空想社会主义进入了分析批判阶段。19世纪初期空想社会主义学说已经进入较为成熟的发展阶段，主要代表人物有法国的圣西门、傅立叶和英国的欧文。这三大空想社会主义者的理论各具特点。

"实业制度"是圣西门对理想社会设计的核心内容。圣西门认为，"实业制度"能够使所有人都得到最大的自由，并保证社会得到最大的安定与幸福。"实业制度"是一种保障自由、平等、幸福、和谐的社会制度，在此制度之下，坚持尽可能的平等原则，废除一切特权，所有人或绝大多数人不用为吃穿住行而发愁。同时，人们的精神世界也得到极大的丰富，可以在与自己智力水平、能力水平相适应的领域自由发展。在圣西门的理论学说中，主张社会平等，以共同劳动为目的而进行"协作经济"，实行按劳分配原则，以实现绝大多数人的幸福生活为目标。圣西门理论中的这些思想都是具有进步意义的，但也有其时代的局限性，如他否定阶级斗争，保留资本主义私有制和资本利润。

傅立叶对资本主义的批判最为严厉，他指出资本主义集中了以前社会中一切卑鄙龌龊的东西，是一个"颠倒世界"和"社会地狱"。傅立叶痛恨资本主义社会，因为资本主义的原则就是"为了要有富裕就要有贫民"，资本主义制度是富人的天堂，是穷人的地狱。为了消除资本主义社会的种种弊病，傅立叶对未来社会的构想是建立一种"和谐制度"。"和谐制度"是以普遍协作为特征来组织生产、生活的，以克制资本主义社会竞争条件下的无政府状态，消除社会的不平等，使人们摆脱贫困、痛苦和不幸，追随内心的感受，从而过上幸福的生活，社会实现普遍的和谐。傅立叶的理想社会并不是单纯的空想，他为这个理想社会设计了一种基层组织单位，叫"法郎吉"。一个理想的"法郎吉"的人口数大约是1620人，"法郎吉"的经济基础是农业，工业、手工业等其他劳动均是农业的附属，人们从事农业劳动的时间应保证达到全部劳动时间的3/4，其余劳动占的时间在1/4以内。傅立叶通过计算得出一个"法郎吉"的占地面积约为2.59平方公里，土地需要购买，而购买土地和劳动设备的资金为400万法郎，这些资金的筹措可以通过向资本家招股的方式实现。入股的资本家可以享受应有的权利，并在经济上得到股息红利，但资本家也要参加"法郎吉"的劳动。1932年，傅立叶的两名门徒在塞纳瓦兹省搞起了"法郎吉"的实验项目，计划招募1620人，征集2400股、120万法郎，结果只得到31.8万法郎的资金支持和150人的加入，这个"法郎吉"的实验项目最终宣告失败。在傅立叶的"和谐制度"中，消除不平等是其核心思想，但在"法郎吉"中，富人因投资入股仍然保留许多特权，富人的劳动强度、劳动分工与穷人也截然不同，这也体现了傅立叶空想社会主义理论的不足。

欧文在抨击了资本主义的种种罪恶之后，也设计了一个理想的社会，但与傅立叶的"和谐制度"不尽相同。欧文认为人们想要获得幸福生活，就必须消除私有制，取而代之以自然法则下的公有制。在改造资本主义私有制的途径选择上，欧文倾向于走"合作公社制"道路。欧文指出，合作公社制是一个和资本主义私有制相对立的，没有阶级、没有剥削、人人平等、人人劳动，人们可以享受物质和精神生活最大幸福的理想型社会制度。欧文预见到，未来社会的生产目的不再是为了个人的利润，而是为了满足全体社会成员最大限度的物质福利和精神福利。在合作公社的理论设计中，欧文认为，生活必需品之外的一切财产和生产资料，应全部实行公有制。人们在合作公社下没有阶级、没有特权，人与人之间均享有平等的权利，也履行相应的义务。人们接受相同的教育和处于同样的生活环境，如在公社中建有学校、幼儿园、图书馆、会议厅和食堂等公立设施，四周还建有住宅、医院、招待所、储藏室等基本生活设施。公社制度的民主精神影响了妇女地位的改变，推动了男女平等的实现。欧文的许多主张都具有历史进步性，如他主张消除私有制，消除不平等和对立，倡导科学发展生产力和协作等，这些理论对近现代福利制度、福利思想的发展都起到了推动作用。

（4）古典政治经济学派的社会福利观

在凯恩斯理论出现之前，西方古典政治经济学一直是主流学派。主要创立者除亚当·斯密外，还有威廉·配第、大卫·李嘉图、托马斯·马尔萨斯等人。古典经济学派的核心观点是，经济规律决定价格和报酬，并且相信价格体系是最好的资源配置方法。

亚当·斯密的《国富论》在1776年出版，该书对一切束缚经济自由发展的旧有制度和封建势力进行了批判，代表着新兴资产阶级利益。在《国富论》中，崇尚经济自由作为核心观点贯穿始终，亚当·斯密主张自由市场经济，反对任何形式的对经济活动的干预。《国富论》在英美社会广为流传，亚当·斯密本人也被尊崇为"现代经济学之父""自由企业的守护神"。亚当·斯密认为自由竞争是实现社会福利的最有效方法。他认为，要增进社会福利，就要实行放任的自由市场经济。因为只有在自由市场经济体制下，个人在利己的活动中才能最清楚自己的利益需求，也知道应该怎样为自己谋取利益。在自由竞争的过程中，个人利益才能得到实现，国民财富也才能得到不断增长，社会福利才会不断增加。最终，个人福利和社会福利形成良性循环，相互协调发展。

威廉·配第是政治经济史界第一个提出"劳动价值理论"的人，在其论及有关资源与劳动力利用的主张中涉及了关于社会福利的问题。配第指出，工资的确定要考虑劳动者为了"生存、劳动和传宗接代"所必需的最低限度的生活资料，工人工资等于最低生活资料价值；而且，由于工资与利润是对立的，资本家为了攫取更多的利润，会拼命压低工人的工资，而工人为了生存，也会尽力争取高的工资。这二者是一对矛盾，而要解决这一矛盾，就必须按照最低工资规律，保证劳动者的基本收入。

大卫·李嘉图的古典政治经济学理论体系也主张市场经济、自由竞争。他接受和认可了亚当·斯密的观点，认为要坚持经济自由主义，反对国家干预经济。李嘉图认为，资本增长的途径主要有两种，即增加收入和节约成本，前者是积极的经济政策，后者是消极的经济政策。社会福利的实现应该依靠积极的经济政策，而不能依靠减少支出、节约成本这种消极的经济政策。相反，政府应该节约开支，最好的财政计划是少用钱多办事，政府的职能应该受到限制，不能让它成为凌驾于市场社会之上的超级力量。因为政府的职能越多，支出就越大，这对福利社会的实现会产生消极的影响。

此外，英国人口学家马尔萨斯从人口学角度论证了社会福利的相关问题。他认为，导致贫穷的主要原因是"人口法则"的作用，在"人口法则"下，穷人生育过快，导致劳动力供大于求，从而引起失业和贫困。马尔萨斯认为，增进社会福利的唯一方法是抑制穷人的人口增长，而当时在英国实行的《济贫法》对穷人的救济只会使穷人人口增长更快，从而加重他们的贫困处境。马尔萨斯的理论过于悲观，他将人口增长过程归结于自然原因，否认其是出自一定社会经济制度的产物。

法国经济学家西斯蒙第在人口问题上提出了与马尔萨斯相反的看法。他强调，资本主义人口过剩是资本主义积累所固有的矛盾，是"机器排挤人"的现象，这属于相对的人口过剩。西斯蒙第进一步强调了国家干预是实现最大多数人的实际福利的有效途径。在他看来，要实现最大多数人的实际福利，需要依靠国家，运用行政干预的杠杆，而不是像英国古典自由主义经济学家认为的那样，无限放任经济自由，而把国家的作用限制到最小。

总之，古典政治经济学派围绕着自由放任和反对国家干预这两个原则，将发展社会福利同发展生产和增加社会财富联系起来。

(5) 功利主义学派的社会福利观

与古典政治经济学派相对,功利主义学派认为,一种行为的对与错取决于人们对其结果的善恶评判,而所谓的善就是指它能给人带来快乐,恶就是指它会给人带来痛苦。功利主义学派的代表人物主要有英国的杰里米·边沁和约翰·斯图亚特·穆勒。

边沁是英国工业革命时期著名的政治家、法理学家、经济学家和社会改革家,他是功利主义的创始人,其代表作是《道德与立法原理导论》(*The Principles of Morals and Legislation*, 1789)。边沁认为,在一切可能的事态中,凡是在最大限度上快乐超过痛苦的事态,就是最善或最幸福的事态;那些能够减轻痛苦、增加快乐的事态,在道德上就是法律,在法律上就是权利,在政治上就是进步或优越。人们对善、权利、进步的追求,就是功利主义的表现。边沁的功利主义原则强调,"善"是最大限度地增加幸福的总量,并且引发最少的痛苦,"恶"则相反。什么才是最大的幸福?如何实现最大的幸福?边沁认为首先应该把苦与乐分为"简单的"和"复杂的"两类。简单的快乐可以是由感觉引起的快乐,是由财富或技能带来的快乐,是由想象力带来的快乐,是由结交引起的快乐,抑或是由解脱痛苦带来的快乐。简单的痛苦可以是由贫困、笨拙、仇恨、恶名、回忆、虔诚等引起的痛苦。当简单的快乐和简单的痛苦合在一起,就成为复杂的快乐和复杂的痛苦。边沁之所以将痛苦和快乐进行详细的分类，是为了寻求计算痛苦和快乐的方法。通过对二者的区分，边沁精确地计算它们之间的比例，以便把握幸福的趋势，从而算出最大的福利。边沁认为，一个社会所追求的应该是最大多数人的最大幸福，社会的最大幸福应该是个人幸福的总和，即每个人利益实现的叠加，就是社会利益的实现，每个人幸福的总和就等于社会的最大幸福。因此，功利主义者以追求最大化的幸福和利益为目标。为了保证幸福最大化，边沁还提出了一系列的立法改革要求。边沁认为，立法的基础应该是公益，立法的任务是计算苦与乐的比例，立法的目的是增进绝大多数人的最大幸福。同时，边沁也强调，立法不宜太多，法律条文不能太过烦琐。这是因为，法律条文越多，意味着义务条款就越多，义务越多，人的痛苦就越大，人们就很难感受到幸福，也就很难实现最大福利。

穆勒继承了边沁的功利主义思想，并进行了补充和完善。穆勒的功利主义学说可以概括为自由论、功利论和政府论。他同样坚信快乐是唯一的善，痛苦是唯一的恶，自私自利是人的本性，人的行为会受到动机的限制，动机又受制于利益，人的行为皆以对自己是否有利为标准。穆勒与边沁一样，信奉自由主义思想，但他对自由主义的定义更为宽泛。穆勒的所谓自由包括了意识形态的自由、趣味志趣的自由、个人之间联合的自由。他非常强调的是言论自由和思想自由，认为这是人类精神的福利，人类的其他福利都依赖于精神上的福利。同时，穆勒也看重人的个性发展，他还为此提出了一个"个人价值观"的公式，即个性＝人的价值＝创造性＝社会福利＝国家和社会的进步。穆勒将自由和个性上升到社会福利的高度，这对推动社会福利观的向前迈进具有重大意义。边沁将快乐与痛苦进行了量的区别，而穆勒觉得快乐和痛苦不仅有量的差别，还有质的差别，快乐本身有优劣、高下之分，如精神的快乐比感官、肉体的快乐具有"高得多的价值"，而感官、肉体的快乐都是不持久的。穆勒对幸福的理解与边沁也有些许不同，他认为功利主义需要行为人平等地看待自己的幸福和别人的幸福，像《圣经》里说的那样，对待别人要像你期待别人对待你一样，爱你的邻居要像爱你自己一样。穆勒坚持认为，每个人都要为增加社会幸福的总量而做出贡献，只有这样，才能调节个人利益与全体利益的关系，使每个人的幸福与公共幸福结合起来。

（6）马克思主义社会福利观

马克思主义的创始人马克思、恩格斯一生都致力于对现实社会的批判，他们是从解决社会本质属性问题来探讨福利社会的。他们认为要想真正彻底地解决社会福利问题，必须消灭资本主义私有制，建立社会主义公有制。马克思指出，只要存在劳动异化现象，真正的社会福利就不可能实现。只有消除私有制，促使人性回归到它的本来状态，最终实现共产主义，才能真正彻底地改变劳动者阶级所遭遇的不公平待遇，使他们从异化的劳动状态中解放出来，并得到真正的福利。马克思并没有直接提出关于社会福利的理论,而是将社会福利问题作为整个社会理论的一个部分加以说明。在马克思看来,在没有消灭资本主义私有制度的条件下,强调发展社会福利,实际上是在帮助资本主义,这会使资本主义维系得更加长久。马克思对其所处时代的社会福利、良好的社会服务,以及所谓永久影响贫困者生活品质的改革都是极度排斥的,但他并没有放弃对人类幸福的终极关怀。他坚信在一个彻底消除不平等、不公正的社会里,普遍的福利状态一定能够实现,在这样的社会中,"每个人的自由发展"成为"所有人自由发展的条件"。马克思将福利社会的状态提高到改造社会、改造世界的高度上来,用一种否定性的福利观为未来社会开辟了道路。在马克思看来,社会福利不再是局限于缓解个人不幸或生活困难的措施,它更是关乎人的尊严和自由的一种崇高的社会理想,一种从根本上消除妨碍个人成长的各种因素,将人从不得不委身于金钱和权力以换取个人名望和地位、幸福的奴役状态中解放出来的崇高理想。

二、中西社会福利观发展比较

1.单线发展与多视角发展

中国对"民"的态度和认识是早熟的,"爱民""养民""济民""保民"等对民体恤的思想很早就已经出现,尤其到了春秋战国时期,不同学派的思想家对"民"的认识从思想高度进行了精加工,而且不同学派的观点都趋于一致。儒家思想成为后世的主流思想,不同时代的儒家代表如董仲舒、朱熹等也都曾对如何"爱民""养民""济民""保民"进行了深入分析。

与中国福利观呈单线发展不同,西方社会对"福利"的认识呈现多视角、多领域、多流派的特点。从柏拉图对幸福的思考开始,此后寻找如何实现幸福生活,成为不同哲学家、经济学及社会学家的追求。柏拉图将美好幸福生活的实现期冀于"哲学王",亚里士多德则更信任于法治社会。文艺复兴运动兴起后,人文主义社会福利观取代宗教福利观,人们不再将幸福生活寄托于来世,而是提出了更为理性的、贴近现实生活的社会福利观念:注重人的个性化发展,注重教育,呼吁社会和平,以人为本,解放天性。除此之外,政治学、经济学领域的诸多流派对何谓"福利"产生了论战,直到19世纪,福利哲学从功利主义思想中成长起来,亚当·斯密的自由放任主义成为政治哲学主流。边沁的"最大多数人的最大快乐"可以说是现代西方政府福利政策的依据,其福利理论还为后来的功利主义者在福利的发展方向上掌舵护航。斯图亚特·穆勒则将社会正义概念引入古典自由主义殿堂,他的机会平等正义观成为20世纪福利哲学的思想源泉。

2.注重实践与聚焦理论

传统中国更注重在实践中实现"福利",国家通过制度设计、设施建设、政府保障等多层举措切实救助困难群体。而西方则更注重在思想层面凝练"福利"理论。造成这种差异的原因在于,中国在很早以前就已经明确了关于"爱民""养民""济民""保民"的思想,对待"民"在主流态度上一以贯之,历代统治者只需将"爱民""养民""济民""保民"的思想主张落到实处,将其制度化。所以,传统中国更注重"福利"的真正实现。这就要求在制度制定上要详细具体,分门别类,不仅在立法上有一般保障,还存在皇帝的特殊赈恤。如:"(唐)武德七年,始定律令。以度田之制:五尺为步,步二百四十为亩,亩百为顷。丁男、中男给一顷,笃疾、废疾给四十亩,寡妻妾三十亩。若为户者加二十亩。"(《旧唐书·食货志上》)这是唐初所定田制,并明确规定了针对笃疾、废疾、寡妇等特殊群体的分地情况。同时还有"若老及男废疾、笃疾、寡妻妾、部曲、客女、奴婢及视九品以上官,不课"(《新唐书·食货志一》)的免税规定。贞观元年(627)山东多地大旱,唐太宗"令所在赈恤,无出今年租赋";贞观七年(633)山东、河南等多地大水,太宗"遣使赈恤";贞观十二年(638)冬到十三年(639)五月,长旱不雨,唐太宗亲自参与求雨,皇帝亲自参与抗灾,是对"惟修德可以销变"的笃信。(《旧唐书·太宗本纪》)

与中国古代的"实用主义"不同，西方福利思想在不同流派之间被讨论、创新，思想者更加关注的是福利的本质，试图从政治哲学的高度来诠释和认识"福利"概念。正如诺曼·巴里的尝试，他"试图概括这个概念（福利）的重要特征，阐明它在典型政治争论中的作用"。[1]当然，西方各国的福利立法也在努力跟进，从17世纪开始，即从立法上加强了对社会福利观念的践行。[2]西方福利立法是在长久的对福利思想、概念的争论基础之上逐渐成熟和完善的。

3.特殊救助为主与一般救助为主

中国传统福利以特殊救助为主，一般救助为辅；西方传统福利则以一般救助为主，特殊救助为辅。

如前文所述，中国传统社会济民的前提是对民进行分类，产生了以年龄、性别、身体健康状况等为前提的不同的分类标准，而国家采取的"措施制度"也主要是针对分类后的"老弱病残妇""鳏寡孤独"这类特殊群体，法律上对特殊群体的评

---

[1].关于对"福利"概念的梳理和认识，详见［英］诺曼·巴里《福利》一书，储建国译，吉林人民出版社，2005。

[2].如英国颁布的新、旧《济贫法》，直到1948年才被废除；1883年，德国颁布了《疾病保险法》，用法律形式把国家的福利政策和社会责任确定下来；此后50年中，欧洲大多数国家相继采取了社会保障立法和措施。1945年以后英国政府先后通过和实施了《家庭津贴法》《社会保险法》《国民健康服务法》《国民救济法》等多部社会福利法案，并于1948年宣布建成"福利国家"。西欧、北欧、美洲等地的发达资本主义国家相继仿行国家政府积极干预经济生活、通过税收政策重新分配国民收入的一种福利政策。

定和等级都有严格的标准。尤其从汉代开始，统治者重新接受了新儒家思想，"哀矜""仁爱"成为统治理念的核心，对老幼病残弱的关怀不只体现在既定犯罪的宽免上，还有多样性的救助机制，如在不同时期国家设立的养老敬老机构，抚养教育孤儿、流浪儿童的福利机构等。从国家主导的福利机构的设置来看，多具明确的功能性。除此之外，国家还会针对重大灾疫进行应急处理，给予灾区灾民以积极的救治和救助，这种情况，受助者的数量和受助程度因具体情况而有所不同，并且这种救助多属临时性政策。所以，从总体上看，传统中国的福利呈现出以特殊救助为主、一般救助为辅的特点。

中华人民共和国成立后，全国各地的福利政策仍然延续了传统的福利模式，如《人民日报》记者周哲生发表了一篇题为"幸福晚年"、采访新桥公社第一敬老院的纪实文章；中共杭州市委农村工作委员会介绍了上泗人民公社上城埭生产队实行全托制的幼儿园、托儿所的儿童福利改革经验；时任内务部副部长的郭炳坤反映了残废军人教养院所存在的问题；四川省雅安县儿童教养院分享了管教流浪儿童的经验；中国盲人福利委员会副主任委员黄鼎以"农村盲人工作的旗帜"为主题做了专题报告；等等。[1]

---

1. 管窥中华人民共和国成立初期的福利制度发展情况，可参看中华人民共和国内务部办公厅主编的《中国人民福利事业》一书，法律出版社，1959。

反观西方传统福利观念和福利制度的发展历程，无论是柏拉图寻找的"哲学王"，还是亚里士多德追求的"法治"，其实质都是对"正义"的探寻。同样，早期基督教力求建立一个没有压迫、没有剥削、人人平等、财产共有的乌托邦社会，也是欲从消除阶级对立的视角探求实现幸福生活的道路。到了近代的各派思想家，也都是依附于对自由、平等、社群等政治概念的重新解构和阐释。所以，西方社会的特殊群体救助的属性反而不强，国家的主要任务和功能是以税收的方式调节穷人和富人之间的差距。建立在"社会契约论"基础上的整个西方社会，在福利救治机制上并非完全采取"措施制度"，其特点还表现在，国家层面规定的是一种救济契约制度，这是为服务利用者提供了可享有福利服务的选择权。所以，中国对"福利"的理解从根本上强调了"国家"在其中的"责任"属性，公民个人对"福利权利观"的认识相对淡漠；西方社会公民对于"福利"这一权利的认识则较为普遍。

三、福利及相关概念辨析

1. 福利的涵义

上述论述主要围绕中西方传统福利观念、制度展开。那么到底什么是"福利"？"福利"是社会科学中富有争议性的一个概念，又是一个内涵极其丰富、外延极为广泛的概念。从历史发展进程来推断，福利是一种价值判断，与救济、施舍、慈善等概念相近。而现代福利观的发展更为深远，并不仅限于物质层面，还有对精神层面的关怀。我国《后汉书·仲长统传》"理乱篇"有"是使奸人擅无穷之福利，而善士挂不赦之罪辜"的记载，意思是说这样（治世短而乱世长）就会使坏人有了无穷的福利，而善良的君子则背上了不可赦免的罪过。这里的"福利"表面上讲的是取得某种利益，而这段话所要强调的是奸人谋利、君子受罪是不公平、不公正的。

本书第一部分也提到《圣经》中关于拾穗行为的规定，最终在世俗社会演变为富人给予穷苦人的一种"福利"。从字面意义上解释，福利是指个人享受某种待遇或获得某种利益，具有均等性、补充性、有限性、群体性、差别性的特点。从实际功能上理解，福利是人们通过各种途径所获得的、足以提升自己的生活水平，能够使自己过上安全、幸福生活的那些有形的实物及无形的精神食粮。从福利的主体特点上理解，福利的给予者（国家或社会）与福利的接受者之间在主体能力上具有不对等性，福利的实现，往往要求福利给予一方承担更多的义务或责任。

在我国，"福利"一词古已有之。我国自西周以来逐渐丰富的民本思想中，就蕴含对"福利"的认知。如，中国古语有云"天下非一人之天下，乃天下之天下也"，所以执政的目的即为"同天下之利"，因此"国之大务在于爱民"，爱民即为

"利而无害,成而勿败,生而勿杀,与而勿夺,乐而勿苦,喜而勿怒"。[1]这种含有福利意味的民本思想,作为一种主流政治思想贯穿于中国封建统治时期的始终。虽然这一思想是与以自然经济作为基础的社会结构相关联的,但以现代文明观之,当代中国"以人为本"的思想正是对古代这种民本观的延续与发展,其也是发展当代中国福利事业的基石。

福利也有高低层次之分,从涉及人员的多少来看,个人福利仅限单个人,它在福利的层级中最低;家庭福利涉及的是整个家庭所有成员,它的福利层级稍高于个人福利;机构福利涉及整个企业、部门或组织,它以提高企业或者部门效率为目标,它的福利层级相对较高;社会福利涉及的范围最广,它以整个社会为视野,以提高社会公平为目标,从宏观角度考虑福利问题,在福利等级中处于最高地位。

2.社会福利的基本内涵

社会福利相比个人福利、家庭福利和机构福利,层级更高,它要求人们从"社会"的层面来考虑和解决如何使"社会人"都能够过上一种"好的生活"的问题。广义的社会福利即所谓"大福利论",是指由政府或社会各级组织举办或资助的,旨在改善和提高人民群众的物质生活和精神生活的一切社会福

1.〔唐〕魏徵:《群书治要》子部卷三十一《文韬》,中华书局,2014,第368页。

利事业和福利措施的总称。

目前的主流观点认为,西方国家均持有"大福利论",社会福利涵盖了社会保险、社会救助、社会保障,各项福利性财政补贴等政策、制度,以及各种社会服务措施与项目。"大福利论"的目标是满足社会每个成员的生活需求,并促进其各方面的品质提升,包括衣、食、住、行、教育、娱乐及潜能开发等。西方国家对社会福利的理解和界定范围很广,它实际上囊括了"福利国家"中所有的福利保障项目,对人们的现实生活和未来生活均提供基本保障。狭义的社会福利也被称为"大保障论",它扩大了社会保障的含义,认为社会保障涵盖或包含社会福利。

认可程度仅次于"大福利论"的"大保障论"认为,社会福利是社会保障下的一个条目,与社会救助、社会保险为同一层级的概念。持有"大保障论"观点的国家,只对少数穷人及身体或精神有缺陷的群体给予特殊照顾,一般通过减免税收、提供物质帮助、提供特殊照顾服务等方式实现。

陈良谨教授曾为"社会福利"下过定义:"社会福利是作为国家的社会政策,由国家或社会为立法或政策范围内的全体公民普遍提供的旨在保证一定的生活水平和尽可能提高生活质量的资金和服务的社会保障制度。"[1]党的十七大报告认为:社

---

1. 陈良谨主编:《社会保障教程》,知识出版社,1990,第205页。

会保障体系包括社会救助、社会保险、社会福利，还有其他的补充保险，以及优抚安置，等等。我国在第九届全国人民代表大会第四次会议上批准的《中华人民共和国国民经济和社会发展第十个五年计划纲要》（简称"十五"计划纲要）中明确规定："在健全社会保险制度的同时，继续发展社会福利、社会救济、优抚安置和社会互助等社会保障事业，推进社会福利的社会化进程。"可见，中国对社会福利的理解和概念界定，与西方社会有着明显的不同，西方国家的社会福利是上位概念，中国则将社会福利理解为社会保障的一个组成部分。

3. 福利国家与福利社会的区别

福利国家与福利社会是两种福利发展模式。"福利国家"模式被普遍认为是一种基于国家干预的福利运行模式，这种模式强调国家对国民的福利保障责任，欲通过公共财政和社会政策等手段来运作国家福利体系。而"福利社会"则强调市民社会的自我运作，主张通过非政府性的组织、社区、家庭和志愿者或者市场机制来满足人们的福利需求，从而实现人们福利供给的自我完善和自我依靠。"福利社会"是以自下而上的视角来看待福利体系，它反映了人们从"社会"的角度来考察社会福利的发展状况。"福利国家"的理念则与此相反。它采取自上而下的视角，从"国家"的角度来考虑社会福利制度的安排，它关注的是政府公共财政和社会保障政策的制定和执行情况。从这个意义上讲，因为"福利国家"模式是以国家公权力作为后盾，所以它不可避免地具有一定的强制性。

另外，"福利社会"还可以理解为人们追求的一种理想的社会目标，是人们憧憬的一种良好的社会形态，即惯常人们所说的"好的社会""福利的社会"。由此，"福利社会"概念的外延就被放大了，"福利国家"则成为实现这一理想的一个组成部分。所以，"福利国家"与"福利社会"无论是在何种意义上都应该区分开来，不应混合使用。甚至在西方国家，人们往往把"福利国家"和"福利社会"对立起来，并列作为两种福利理论模式进行探讨。

四、欧洲"福利国家"的经验

欧洲是目前世界上"福利国家"模式发展最具代表性的区域。[1]欧洲福利制度的诞生与其资本主义制度的发展相辅相成。

---

1. 需要说明的是，欧洲"福利国家"的定义始于近代，在此之前，欧洲诸国有着深厚的福利社会传统，民间机构、组织、私人之间的救助行为无论是从宗教约束上还是传统习惯上都已经非常成熟。所以，欧洲走的是从福利社会到福利国家的发展路线。与欧洲不同，日本效法传统中国，善于用国家干预的形式来调控福利行为。以古代日本《养老令》《令集解》为蓝本，"二战"后日本相继颁布了《生活保护法》《儿童福利法》《母子及寡妇福利法》《老人福利法》《身体障碍者福利法》《智力障碍者福利法》，被统称为"福利六法"。"福利六法"的颁布实施，为日本福利国家的实现提供了制度保障。由此可见，日本走的是从福利国家到福利国家的发展路线。

在欧洲国家形成的过程中，反资本主义的呼声始终未绝，如果不在国家层面制定一些得到社会各阶层拥护的政策，资产阶级的统治很难长久。而欧洲各国共同选择了依靠社会福利保障制度这一途径，使社会财富这块"蛋糕"的分割变得相对公平（见表5）。

表5 发达资本主义国家的社会福利政策发展时间表

养老金	失业救济金	工伤保险		健康保险	
1914年之前	1914年之前	1900年之前	1900—1914年	1900年之前	1900—1913年
德国、英国、意大利、丹麦、法国、新西兰、瑞典	挪威、英国、丹麦、法国	德国、瑞士、奥地利、挪威、芬兰、英国、意大利、丹麦、法国	大多数工业国家，除加拿大和美国（都是1930年引入），葡萄牙（1962年引入）以外	比利时、德国、奥地利、芬兰、意大利、丹麦、法国	瑞士、挪威、英国
新西兰、荷兰、西班牙、澳大利亚和芬兰在1914年至1915年间陆续引入健康保险，加拿大在1971年引入，葡萄牙是在1984年，美国至今尚未引入。					

早在19世纪80年代，俾斯麦就已经在德国为工人们引进了强制性的健康、意外事故、老年人和伤残保险制度。20世纪30年代的挪威和瑞典，相继推行了社会福利法案、失业保险、

养老金制度、工人最低工资标准，以及面向农民和渔民的物价补贴。其中，瑞典政府在1933—1938年间，引进了扩大就业的政策、针对大家庭的房屋补贴政策，以及增加养老金、生育补贴全覆盖、带薪假期和针对新婚夫妻的国家贷款资助等福利项目。英国自由党政府在1904—1914年间把英国构建为一个福利国家。其中，1908年，针对70岁以上的较低收入者，政府均给予适当的养老金补贴。1911年，国民保险制度开始为低收入者、失业者提供病假工资和免费医疗。1912年，政府还实现了一部分免费医疗救助。1914年，推行了强制性的校园免费餐制度。[1]

福利国家不仅改善了劳动者的生活水平，同时在经济、社会和政治方面也稳固了资本主义体系。即便当今仍有不少欧洲民众并不渴望一个"更加紧密的联盟"，但仍然希望有一种可以联合欧洲的"社会"因素，这个因素就是福利国家。北欧五国（挪威、冰岛、芬兰、瑞典、丹麦）是世界上典型的高福利国家，"从摇篮到坟墓"是世人对这些高福利国家的典型印象。中南财经政法大学的李薇博士对西方福利体制下的家庭补贴制度进行过研究，她将西方国家的家庭补贴分为自由主义福利体

---

1. 以上欧洲各国福利政策的历史资料均来自［英］唐纳德·萨松《抛弃福利国家：欧洲不可承受之重》一文，金寒芽译，《文化纵横》2012年第2期，第88—94页。

制下的、保守主义福利体制下的和社会民主主义福利体制下的三种模式。[1]

但是，自20世纪90年代以来，欧洲"福利国家"遭遇了前所未有的挑战。由于欧洲的出生率不断下降，老龄化让社会福利制度的包袱日益沉重，加之劳动力成本过高，使得欧洲在全球化竞争中劣势凸显，导致欧洲失业状况加剧。这些增加的失业人员进入社会救济体系，分割财富的人进一步增加，又加剧了欧洲经济的衰退，进而造成恶性循环。另外，高福利政策还制造了一批社会"寄生虫"。有数据显示，2005年的德国，一个四口之家如果靠国家救济，西部每月可收入约1560欧元，东部约1421欧元，全德平均水平约1539欧元，高于平均最低工资收入（包括部分时间工作）1465欧元。高福利政策最终导致的结果是，不工作的人比工作的人生活得更好。于是，更多的人选择领取救济金而不再愿意工作。2008年国际金融危机爆发后，持续升级的欧元债务危机更让越来越多的欧洲福利国家雪上加霜。为了争取外援，陷入债务的国家基本上都采取财政紧缩政策，如2011年9月希腊政府推出新一轮更严厉的紧缩计划，包括大幅降低退休金和个税起征点。债务重压不仅让这些国家没有可调动的公共财政资源以刺激经济的复苏，福利的直

---

1. 具体论述内容可参看李薇《西方国家家庭补贴制度：基于三种福利体制的比较》，社会科学文献出版社，2017。

线下跌更是引发了民众对资本主义制度的信任危机,大范围的罢工抗议在欧洲各地此起彼伏,欧债危机让福利国家久已潜伏的缺陷以极端的方式暴露出来。在欧洲,社会弱势群体得到了足够的帮助和关怀,他们不仅能够生存,而且能生存得很好。但欧洲福利国家的症结也在于它的高福利,长期以来的制度优越感以及对"自由""平等"的盲目追求,导致政府行动力不足、民众不配合等制度弊端日益显现。

五、中国式"福利社会"构建的关键

中国有着自己固有的文化传统和思维习惯,就发展福利这一点而言,照搬欧洲模式显然行不通。我国的福利事业一直以来是以"措施制度"为主,"措施制度"属于国家行政行为,要以立法的方式由国家干预福利事业的实施,所以,"措施制度"更适合"福利国家"的发展模式。我国有不少学者对中国福利事业该往何处去进行过深入的探讨,达成共识的一点就是,中国不能效仿欧洲走福利国家的道路,而要结合福利国家的优点和福利社会的优势,尊重中国传统,构建一个"中国式

的福利社会"[1]；既要发展完善以政府为主导的"福利国家"，也要强化市民社会对"福利"的自发摸索。

1. 唤醒公民的福利意识

福利意识有别于权利意识。福利意识的培养应分为两个方面，对于福利的授予方而言，福利意识更多的是指一种社会责任感；对于福利的承受方而言，福利意识就是对某种权利的主张。《圣经》中摩西制定的"拾穗"律法，其最大价值就在于告诉福利享有者可以积极主张某种权利，这在整个社会已经达成共识。

几年前，网络上流行一个叫"墙上的咖啡"的故事，故事背后所体现的正是西方社会非常成熟的福利观。故事大体讲的

---

1. 现有成果颇丰，仅以近十年来发表的期刊论文代表说明之。如林闽钢《西方"福利社会"的理论和实践———兼论构建中国式的"福利社会"》，《江西社会科学》2010年第4期；景天魁《社会福利发展路径：从制度覆盖到体系整合》，《探索与争鸣》2013年第2期；景天魁《社情人情与福利模式——对中国大陆社会福利模式探索历程的反思》，《探索与争鸣》2011年第6期；李娟《穷人、福利与反贫困：基于中国本土语境的思考》，《青海社会科学》2013年第1期；景天魁《民生建设的"中国梦"：中国特色福利社会》，《探索与争鸣》2013年第8期；周爱国《差异化原则与中国特色社会主义福利制度》，《湖北社会科学》2014年第12期；王轩《"生态福利社会"的生成与民众"生态幸福"的公共性实践——生存安全的发展价值实践逻辑的确立》，《学术论坛》2015年第4期；奂平清《福利社会建设与社会治理——兼论社会政策研究的理论自觉》，《教学与研究》2015年第11期；汪连杰、同春芬《转型背景下中国新型福利社会构建的路径选择——基于福利多元主义范式的视角》，《长白学刊》2017年第2期。

是，有些人在咖啡馆点咖啡的时候，习惯对服务生说："两杯咖啡，一杯贴墙上。"服务生会很自然地把一张纸贴在墙上，并写上"一杯咖啡"。这种做法非常自然，没人觉得奇怪。有时，身着破烂的穷人会走进咖啡馆，然后指着墙对服务生说："墙上的一杯咖啡。"服务生会以惯有的姿态递给他一杯咖啡，并将墙上的一张写有"一杯咖啡"的贴纸撕下，穷人不用为他喝的那杯咖啡付款，因为已经有人付过了。多付款的那杯咖啡就叫"待用咖啡"，你付了钱，但不知道谁会享用它；而穷人也无须降低自己的尊严讨要一杯咖啡。"墙上的咖啡"的故事其实就是《拾穗者》的当代版本，慈善是个人或组织回馈社会的一种方式，施惠者对受惠者的尊重才真正体现出了社会福利意识的精髓。

"墙上的咖啡"流行的同时期，在我国四川成都也出现了一家特别的餐馆，其特别之处在于客人在结账的时候，如果愿意多支付5元钱，该餐馆就会向流浪人员免费提供一份10元钱的午餐。每到中午，餐馆工作人员都会将免费的盒饭摆放在指定地点，等待流浪人员领取。有趣的是，每天都有不少愿意多支付饭钱的食客，但来领取盒饭的流浪人员却少之又少。了解到的原因是，有些流浪人员上前围观，但多有顾虑，不敢拿盒饭，因为根本就不相信有这样的好事，害怕是陷阱。其中最深层的原因正在于长期依靠施舍的固有观念，使得社会弱势群体对这样的"好事"心存怀疑，不敢主张自己的权利；而有钱人也往往仍是一副施舍救济的姿态，虚荣心理强于社会责任感。所以，如何扭转国人的这种思想观念，才是当下建构"福利社会"的重中之重。

2. 经济发展带动国民素质的提高

雄厚的经济基础是构建福利社会的物质根基。如果个人没有较高的生活质量和剩余财富，对他人的帮助、对社会的贡献也只会是个例；若想取得长效机制，还得依赖经济的稳健发展和国民对救助他人的普遍自觉。2018年7月，杭州、上海等城市街头出现了无人看管的冰箱，专门为环卫工人、外卖快递人员、交警提供免费矿泉水、雪糕等防暑降温饮品。录像显示，在39摄氏度的高温下，普通民众面对街头出现的这种"高温补给站"表现出了高素质。画面中陆续出现了快递小哥、外卖人员，他们在看了"高温补给站"的标识后，都很开心地打开冰箱自取，但也都很自觉地只拿一瓶。很多热心群众还将自费购买的汽水、西瓜放进冰箱，免费提供给有需要的人。这种主动自觉的街头公益行为让我们看到了中国国民素质的提升。同时，与几年前四川餐馆为流浪乞讨人员免费提供餐食的尴尬处境稍有不同，如今，已开始有人自在地、自然地接受无名者的点滴善举。更可喜的是越来越多的人像"墙上的咖啡"中的主人公一样自愿、自觉地参与到公益活动中来，在自己力所能及的范围内默默地贡献爱心。这是经济发展、社会进步、国民素质提高的表现，也让我们看到了中国构建福利社会的良好前景。

总之,米勒的一幅《拾穗者》将我们带入了西方宗教的世界;《圣经》中摩西关于拾穗者权利的立法,为我们深思生命权的本真含义开启了一扇窗。我们时常提起的那句法彦"人生而平等",又有多少人真正了解它的含义?人生而平等的精髓应该是作为人在尊严上的平等,而这种尊严上的平等的获得,需要依靠社会上一部分人的奉献,并且这样的奉献不是一时一世的,而是长此以往的社会责任与担当。

中 篇

由《量罪记》看通奸罪与罚

在男女关系问题上,法律上的某些规定与人的本性有时是背道而驰的,其中以通奸罪最具代表性。通奸罪是一个古老的罪名,历史上诸多国家都曾以法律手段对通奸行为进行惩治。我国古代历朝历代的法律中都明确指出,男女通奸是一种违法犯罪行为,需要国家强制力予以纠正。在众多西方国家,尤其是有宗教信仰的地方,对通奸行为的惩罚则更为严厉。人类社会之所以对通奸行为难以容忍,究其原因,主要还是出于血脉延续、财产继承、家庭关系、社会风化等方面的考量。

作为儒家思想发源地,中国早在20世纪初的清末法律变革中,就废除了通奸罪,在人类逐渐进入现代文明社会后,通奸罪在一些国家和地区纷纷予以废除。但在某些国家和地区仍然存在通过刑事或民事手段规制通奸行为的情形。我国刑法中虽然未对通奸行为作出规定,但存在例外的情况——"破坏军婚罪",即在明知是现役军人的配偶而与之同居或者结婚的,处三年以下有期徒刑或者拘役。从古代通奸行为的类型上看,大致可分为婚内通奸与未婚通奸两种,清代将其称为有夫奸与无夫奸。即便是在现代社会,人们对通奸行为的理解也多倾向于前者,即婚内出轨。事实上,不正当性行为的发生是在婚前还是婚后,二者的行为性质、对家庭继承的破坏力、对后果的补救措施等方面存在着较大差异。在主张恋爱自由、婚姻自由的今天,婚前性行为甚至都不足以被放在道德层面上进行评判,所以,我们有必要对通奸罪的这两种类型做区分探讨。

本篇选取莎士比亚的《量罪记》——一个关于未婚通奸该如何处罚的故事——作为讨论的开端,力图通过中西法文化比较的方式,主要探讨中西方古代法律中关于通奸罪规定的异同之处,重点是从法律文化及其相关司法传统的角度对我国通奸罪的存废做一个历史性的考察。目的是要从法与道德、法与社会的关系出发,引领读者对现代社会中复杂的两性问题予以深层次的思考。

以莎士比亚《量罪记》为切入点

一、《量罪记》中的案情及本篇所探讨的问题

1.《量罪记》情节概述

莎士比亚的《量罪记》改编自意大利作家辛提欧的悲剧《普洛莫斯和卡桑德拉》，不过莎士比亚将原故事中男主人公受刑死去的悲惨结局改编成了大团圆的喜剧结局。[1]故事讲的是有位性情非常温和宽厚的公爵文生底奥治理维也纳城，有人犯了法他也不去惩办。公爵的宽大无边使人们完全不理会法律条文，甚至连神圣的婚姻制度也不为人们所重视，社会上到处是伤风败俗的景象。公爵因此指派一位摄政安哲鲁代行他的职

---

1. *Measure for Measure*，直译为"一报还一报"，朱生豪先生译本将其取名为《量罪记》，本文选用的是2013年中国青年出版社为纪念朱生豪100周年诞辰发行的单行本，故尊取《量罪记》名。

权治理维也纳，自己则乔装成贵宗僧侣离开公国，到各地巡回察访。安哲鲁担任新职不久，就遇到了一起案件：维也纳的一个少年绅士克劳第奥让女友未婚先孕。安哲鲁欲判其死刑，克劳第奥的姐姐依莎贝拉向安哲鲁求情，却被安哲鲁要求做其情妇才能赦免克劳第奥。幸好外出巡访的公爵暗中调度，让被安哲鲁拒婚的未婚妻玛丽安那顶替依莎贝拉去与安哲鲁幽会；又安排处死另一个死囚，替换下欲要处决的克劳第奥。最后，公爵的身份被公开，判决摄政安哲鲁必须与他的未婚妻结婚，克劳第奥与已经怀孕的未婚妻完婚。在所有的莎翁戏剧中，《量罪记》无疑是法律味道最为浓厚的一部。该剧具有社会公案性质，剧中将对淫欲的谴责、对执法者伪善的鞭挞、对贞洁的赞美交织在一起，抛给观众的是对"贞洁"与"罪恶"、律法与人性的诸多思考。

2.一宗非比寻常的死罪

《量罪记》第一幕，克劳第奥说起这宗案件的原委："我因为已经和裘丽叶互许终身，和她发生了关系；你是认识她的；她就要成为我的妻子了，不过没有举行表面上的仪式而已，因为她还有一注嫁奁在她亲友的保管之中，我们深恐他们会反对我们的相爱；所以暂守秘密，等到那注嫁奁正式到她自己手里的时候，方才举行婚礼。可是不幸我们秘密的交欢，却在裘丽叶身上留下了无法遮掩的痕迹。……现在这个新任的摄政，也不知道是因为不熟悉向来的惯例；或是因为初掌大权，为了威慑人民起见，有意来一次下马威；或是因为他的严刑酷治，执法无私，使我误蹈网罗。可是他已经把这十九年来束诸高阁的种种惩罚，重新加在我的身上了。"[1]

克劳第奥的这番话带给我们一些信息：克劳第奥和裘丽叶互许终身，但在没有举行仪式的前提下，裘丽叶怀孕了。摄政安哲鲁认为，克劳第奥和裘丽叶构成了通奸罪，并判处克劳第奥死刑。但在克劳第奥看来，他俩的行为虽是恶的但却罪不至死。安哲鲁命令押送克劳第奥和裘丽叶去游街。克劳迪第感叹道："威权就像是一尊天神，使我们在犯了过失之后必须受到重罚；它的命令是天上的纶音，临到谁的身上就没法反抗。可是我这次的确是咎由应得。"[2]

3. 本篇所要探讨的问题

通奸是一种具有隐秘性、涉及隐私的非正常性行为，但法律可以对人的品行、私密行为干预到什么程度，这是值得思考的。性行为本身属于人的动物本能，只有在特定条件下才能构成犯罪，法律的作用就是要确定构成性犯罪的这些特定条件。如果并不满足这些条件，男女之间的性行为就不能构成犯罪。在欧洲，未婚通奸是否一直得到了《量罪记》中摄政那样的判

---

1. [英]莎士比亚：《量罪记》，朱生豪译，中国青年出版社，2013，第一幕，第13页。
2. [英]莎士比亚：《量罪记》，朱生豪译，中国青年出版社，2013，第一幕，第12页。

决？关于近代刑法改革前的中西方社会，对通奸行为的刑事处罚规定是否具有相似性？在司法实践中，类似克劳第奥和裴丽叶这样的婚前性行为是否与其他通奸行为一样会真正受到处罚？……本篇将对这一系列问题进行追溯和探讨。

二、古代欧洲关于通奸行为的法网调控

1.《量罪记》中关于奸罪的神判寓意

事实上，莎士比亚在《量罪记》中为我们设计了这样一个法网结构，公爵离开维也纳，乔装成僧侣微服私访，后回到维也纳对克劳第奥案进行宣判，其中寓意着神的裁判。15、16世纪的欧洲，神权法的影响尚未消亡，而宗教信仰首先是对人欲望的控制，所以《旧约·出埃及记》"十诫"的第七诫就是"不可奸淫"，奸淫罪是十大罪之一。按照《旧约·申命记》中的说法，被发现犯有奸淫罪的，要"将女子带到她父家的门口，本城的人要用石头将她打死。因为她在父家行了淫乱，在以色列中作了丑事，这样，就把恶从你们中间除掉"；如果是与有夫之妇通奸，同样要将二人用乱石打死。《旧约·利未记》中还说："与邻舍之妻行淫的，奸夫淫妇都必治死。"可见，在神权法层面，对奸罪一概采用极刑处罚。不过，值得注意的是，在《旧约·出埃及记》中对未婚女子的性行为，规定得并不是那般严厉："人若引诱没有受聘的处女，与她行淫，他总

要交出聘礼,娶她为妻。"没有直接说明要施以何种惩罚(公爵最后也确实没有对克罗第奥和裘丽叶施以刑罚)。后来,基督教的《新约·约翰福音》中提到了耶稣基督赦免了犯有奸罪的女子的故事。[1] 可是,《希伯来书》又说"苟合行淫的人,神必要审判",后来的欧洲基督教国家法律大体上沿袭了《希伯来书》的法则。

在《量罪记》中,结局除了暗示着神权法的力量,也说明维也纳并不是一个没有法度的世界。就连公爵自己也这样说过:"我们这儿有的是严峻的法律,对于放肆不驯的野马,这是少不来的羁勒,可是在这几十年来,我们却把它当作具文,就像一头蛰居山洞久不觅食的狮子,它的爪牙全然失去了锋利。……我们的法律也是一样,因为从不施行的缘故,变成了毫无效力的东西……"[2] 事实上,在人类早期法律中,对通奸不仅规定了严酷的刑罚,而且公然维护夫权。古巴比伦刑法中已经有了通奸的概念,法律规定:如果男子不知道对方已婚而与

---

1. 基督教到了《新约》,对于第七诫的态度是趋于宽缓的。《约翰福音》中,文士和法利赛人带着一个行淫时被捉拿的妇人来见耶稣,说:"夫子,这妇人是正行淫时被拿的。摩西在律法上吩咐我们,把这样的妇人用石头打死。你说该把她怎么样呢?"夫子对他们说:"你们中有谁是没有罪的,谁就可以先拿石头打他。"这些人讨了个没趣走掉,耶稣对妇人说:"我也不定你的罪。去吧,从此不要再犯罪了。"

2. [英]莎士比亚:《量罪记》,朱生豪译,中国青年出版社,2013,第一幕,第16—17页。

之发生两性关系，则不以通奸论罪。古希伯来《摩西法典》规定，通奸要判处绞刑，如果对象是已订婚的少女或亲属，还要受到更重的石击刑或火刑惩罚。而古罗马公法中的"优流斯法"关于奸罪的规定则更为详细。

欧洲中世纪，基督教会长期把持着涉及婚姻关系的诉讼案件的审理。1092年，法国国王腓力因与安茹伯爵夫人长期未婚同居，被教皇帕斯卡尔二世下令开除教籍。同时，神权法对通奸罪的审判也为世俗法所接纳，许多国王颁布的法律对通奸罪犯一律处死。英国亨利八世的两个王后因通奸被处死。近代欧洲各国刑法典中也多有关于通奸犯罪的规定。如1810年的《法国刑法典》有专条规定："夫在家里将通奸之妻和奸夫捉获杀之者，杀罪应予宥恕。妻通奸者处三个月以上二年以下徒刑，夫于家里容宿姘妇处一百至二千法郎罚金。"1968年《意大利刑法》中不仅有通奸罪，还规定有丈夫蓄妾罪。1971年《西班牙刑法》专门设有"通奸罪"一章，规定极为详尽，对通奸男女的处罚为短期徒刑六个月至六年不等。此外，大部分伊斯兰国家也都将通奸认定为犯罪行为。时至今日，世界上还有一些国家和地区保留了对通奸者的惩罚举措，如在判定离婚夫妻财产分割时，通奸方往往不受保护，只能分得较少财产。

2.关于通奸罪法律依据的历史回溯

古罗马乃至整个罗马帝国时期的法律制定对整个欧洲影响深远。《量罪记》的原始版本源于意大利作家辛提欧，所以我们有必要走进作家辛提欧所在的法律国度，探寻一下罗马公法中关于通奸罪的处罚规定。公元前18年的奥古斯都统治时期，罗马社会堕落，通奸现象泛滥。此时的罗马诗人卡图卢斯曾写过这样一个口信——"祝她同她的情夫们过得快活，她可以同时拥抱三百个人，而不真爱任何一个，不断耗竭他们的元气"[1]——给他的情妇。卡图卢斯与奥古斯都生活在大致相同的年代，通过他的这个口信，我们不难推断当时私生活混乱现象在罗马社会是多么的普遍。有学者从乌尔比安、帕比尼安和保罗留下的评注中发掘整理还原了《惩治通奸罪的优流斯法》（ Lex Lulia de Adulteriis Coercendis ）的5条直接保留下来的条文片段和19条间接寻得的法条规定，成为还原该法的基础性资料。根据德国学者和英国学者的还原和注释，可推出其大致原貌（见表6）[2]：

表6 《惩治通奸罪的优流斯法》原文中译

条文号	条文内容
第1条	本法打击故意的通奸和奸淫；
第2条	父亲可杀死在自己家里行奸的被当场逮住的女儿；

1.《古罗马诗选》，飞白译，花城出版社，2001，第46页。转引自徐国栋《〈惩治通奸罪的优流斯法〉的还原及其逐条评注》，《东方法学》2013年第6期。

2. 本书采纳了霍夫曼的还原成果，共计21条法律文本。资料来源于徐国栋的《〈惩治通奸罪的优流斯法〉的还原及其逐条评注》一文。

续表

条文号	条文内容
第3条	丈夫也享有杀死被当场逮住的奸夫的权利;
第4条	丈夫必须当着7个罗马市民的面与通奸的妻子离婚;
第5条	对被丈夫逮住的奸夫,不愿或不能杀害的,可拘留他20小时取证;
第6条	父亲和丈夫必须在60天内起诉奸妇,在此期限后外人可以起诉;不满25岁的人不得起诉,如果有多数人愿意起诉,由长官确定正当的起诉人选;
第7条	对于为国而非为了逃避罪责而不在的人,不得起诉之;
第8条	同一通奸案件中的男女双方不得在同一案件中同时被控告,但以女方已结婚且处于婚姻中为条件,在结婚前已对其提出宣告的,或已对男通奸方提出指控的,除外。如果要起诉的是寡妇,控告人对先起诉男方还是女方,先起诉何方,享有自由裁量权;
第9条	如果指控者要求对一个被控通奸的奴隶进行拷问,无论是否愿意到场,法官都得命令对该奴隶进行估价。在对他进行估价之后,他得命令那个在其指控中点出该奴隶名字的人,向该奴隶的所有人交付奴隶估价的两倍数额;
第10条	允许拷问受通奸罪调查者的或其父母的奴隶,但以此等父母将此等奴隶交与受通奸罪调查者使用为条件;
第11条	在进行拷问的时候,男女嫌犯及其恩主、控告人应到场,恩主有权提问;
第12条	拷问后的奴隶必须充公;
第13条	如果被指控的男女嫌犯后来被判无罪开释,而受拷打的男奴或女奴已死亡,法官应判处赔偿他们在受拷打前的估价;如果奴隶仍活着,应判处赔偿他们受到的损害;

续表

条文号	条文内容
第14条	妻子在被离婚的60天时间内不得解放男奴或女奴或任何处在其仆人地位的人,也不得转让意大利或行省的土地。也不得解放或转让派来或派给女儿使用或服侍的女奴的父亲、母亲、爷爷、奶奶;
第15条	故意提供其住所,以使某人对另外的人的家母实施奸淫或通奸,或者与另外的男子进行同性恋行为的,或者利用其妻子的通奸获利的,行为人无论属于何种地位,都应该作为犯有通奸罪者受到处罚;
第16条	丈夫容留在通奸中被当场拿获的妻子的,处罚之。丈夫将从家里捉到的奸夫放走的,处罚之;
第17条	禁止娶被判处通奸罪的女子为妻,违反这一禁令者,处罚之;
第18条	因为其行为或建议,蓄意使被捉奸的男子或女子使用金钱或其他方式来赎买自己的人,应受到拉皮条罪的处罚;
第19条	与兄弟或姐妹的女儿、父亲的姐妹、母亲的姐妹结婚的人,处罚之;
第20条	在通奸案件中做伪证的人,要受到《科尔内留斯遗嘱法》规定的惩罚;
第21条	丈夫不得违背妻子的意愿转让其嫁资中的意大利土地。

除了霍夫曼对《惩治通奸罪的优流斯法》有过评注,布里松对其整理后得到29条律文,但徐国栋教授认为他还原的部分条文缺乏原始文献的支撑,存在武断之嫌,不足以采信。而霍夫曼的还原,美中不足的是不包含制裁条款(布里松还原的

第2条有明确的制裁,即故意通奸或奸淫者,判处流放小岛)。所以,结合西方学者对《惩治通奸罪的优流斯法》的现有还原,徐国栋教授将其拆分整合成10个条文,并对其进行了逐条解释(详见表7,有删节):

表7 《惩治通奸罪的优流斯法》条文及释义

条文号	条文内容	徐国栋教授的释义
1	本法禁止故意的通奸和奸淫,并废除此前的一切反通奸立法。	规定了通奸罪的类型和通奸者的主观状态类型。
2	家父在他自己家里或女婿家里抓住与正处在家父权下的、或虽脱离了他的权力但处于夫权下的女儿通奸的男子的,可以不受法律追究地杀害之,但必须同时立即杀死其女儿。	家父享有杀奸权。
3[疑似]	丈夫可合法杀害在他家里与其妻子通奸、被当场拿获的男子。杀死奸夫的丈夫必须立即休弃通奸的妻子。 休妻的宣告必须当着7个适婚的罗马市民的面进行,宣布离婚者的解放自由人亦可。	丈夫的杀奸权及休妻义务。 离婚的程序规定。

续表

条文号	条文内容	徐国栋教授的释义
4［疑似］	丈夫和家父要在60天内起诉通奸者。他们不行使此等权利的,家外人在妻子通奸的情形,要在4个月内起诉通奸者;在寡妇通奸的情形,要在6个月内起诉通奸者。通奸罪的起诉权在5年后消灭,从诉权人知晓通奸事实之日开始计算。禁止25岁以下的人提出通奸罪指控。男通奸者被判无罪的,只要女方处在结婚状态,任何人不得控告她通奸;但男通奸者在被控告前或定罪前死亡的,除外。	不同主体在不同情形中追诉通奸者的时效以及不同主体的起诉资格。
5	捉住与自己的妻子通奸的男子的丈夫,如果不愿或不能杀死他,可羁押他20小时查清事实。	丈夫对奸夫的私人羁押权限。
6［疑似］	如果通奸罪成立,奸妇被判处没收嫁资的一半以及嫁资以外财产的1/3给国库。奸夫将被判处没收财产的一半。奸妇奸夫要被流放到不同的小岛上。禁止娶被判处通奸罪的女子为妻,违反这一禁令者,处罚之。	对被定罪的通奸者的处罚方式:没收财产、流放、禁止结婚。
7	对不是为了逃避处罚,而是为了国家不在的人¹的通奸罪的指控,暂停之。	为国家不在的人享有通奸指控的"豁免权"。

续表

条文号	条文内容	徐国栋教授的释义
8[疑似]	丈夫容留在通奸中被当场拿获的妻子的,处罚之。 丈夫将从家里捉到的奸夫放走的,处罚之。 利用妻子的通奸收受财物的丈夫,惩罚之。 由于丈夫的通奸而接受贿赂的妻子,承担女通奸者的责任。 提供住所供人实施奸淫的,为了收受财物容纳进行公然的奸淫的妇女者,处之。	对皮条客的处罚(丈夫利用、纵容妻子在通奸中获利的,也被视为拉皮条行为)。
9.	允许拷问受通奸罪调查的或其父母的奴隶,但以此等父母将此奴隶交与受通奸罪调查者使用为条件。 被拷问后的奴隶必须充公。 欲对被控通奸的奴隶进行拷问的人,应向此等奴隶的主人交付两倍于奴隶估价的金钱。如果只是申请拷问作为证人的奴隶,则只要向奴隶的主人交付其价金即可。 在进行拷问的时候,男女嫌犯及其恩主、控告人应到场,恩主有权提问。 获得骑士身份的解放自由人与恩主的妻子或女恩主本人、或于此等人的父亲的妻子或此等人的母亲或与此等人的儿媳或女儿通奸的,作为解放自由人受罚。	罗马刑事诉讼法的重要规定:求得真相与保护人权两项价值之间的调和。允许拷打涉嫌通奸案中的奴隶,但排除对生来自由的人拷问。
10[疑似]	禁止丈夫违背妻子的意愿转让作为嫁资的意大利土地。	对妻子财产权的保护。

1. 这是一个罗马时期的专用术语,"为了国家而不在"是一种状态性描述,而且是指特殊身份的主体。依照优士丁尼《法学阶梯》的解释,主要

意思是说，军人和公务员他们的工作是为了维护国家利益，而打击通奸也是为了国家利益，但军务和公务比维持社会道德风尚更紧迫，本着两利相权取其重的原则，打击通奸行为要为"为了国家而不在"者让路。但乌尔比安不这样认为，他认为立法者只是暂时放过而非永久性放过通奸者，对在职官吏的打击"不是不报，是日子未到"，等到他们卸任之后仍然可以指控他们。

无论是西方学者对《惩治通奸罪的优流斯法》的还原，还是中国学者的还原，通过对古罗马时期就已存在的这一法典的解构，我们会发现该部法律对夫权的保护一以贯之，私力惩治通奸行为的主体也不只限于本夫，女方之家父也享有杀奸权，但两者行使权利的动因不同，丈夫是出于对性权利的维护，家父则是出于对家族尊严的维护。可见，在通奸行为中，女方的下场会更为悲惨，并且不受社会阶层的影响，甚至上流社会的情况会更糟糕。出生于公元37年的尼禄，后来成为古罗马乃至整个欧洲历史上的暴君。尼禄原配妻子屋大维娅是罗马上一任皇帝克劳狄乌斯的女儿，但尼禄并不喜欢她，他当上罗马皇帝后，就将屋大维娅流放到一个小岛上生活。罗马市民要求尼禄皇帝将皇后屋大维娅接回罗马，尼禄却以通奸罪为名处死了屋大维娅。而他自己却过着淫欲放纵的生活，他将一个名叫波鲁斯的男孩阉割，还按照常规婚礼仪式迎娶波鲁斯，婚后的波鲁斯被尼禄塑造成女皇的形象，两人还共赴希腊参加巡演、参与商业活动，频频出现在公众面前。当然，尼禄最终因自己荒淫残暴的统治被推翻。但是纵观欧洲历史，因背负"通奸罪"而柱死的又何止屋大维娅一人？

从《惩治通奸罪的优流斯法》的规定来看，该法重点打击的是女性的通奸犯罪，但通奸涉及的主体远不止女性罪犯，按照乌尔比安的解释，皮条客也是通奸罪的打击对象；按照帕比尼安的解释，乱伦行为同样被视为通奸行为，受"优流斯法"的惩罚；霍夫曼认为还包括男同性恋者。在西方语境下，通奸和奸淫指代不同的犯罪主体。按照莫特斯丁的解释，狭义的"通奸"主体仅指向已婚妇女，而"奸淫"主体则包括寡妇、处女或男童。

人类在意识萌醒之初，就已经认识到通奸所带来的危害。其一，它会导致亲子关系的混乱，因为通奸是不正当的性关系，所以妻子很可能怀上别人的孩子，这样就造成了法律上亲子关系认定和生物学上亲子关系认定的不一致。这会给夫家血脉的传承和遗产的继承带来很大的风险和困扰。其二，从道德层面和伦理层面看，通奸行为会导致道德的堕落和社会风气的败坏，这也是人类古代所有社会对通奸行为入罪化相沿未变的原因。所以，从奥古斯都皇帝的立法意图来看，用重刑来惩治通奸罪，其目的是要净化社会风气，延续罗马人的纯正血统。这个法律还与《鼓励结婚的优流斯法》(*Lex Lulia de Maritandis Ordinibus*) 相配套，力图重整罗马家庭秩序，确保国家建立完善的家庭制度。

3.《量罪记》案情的特殊性:惩罚与实际执行的背离

从徐国栋教授还原的《惩治通奸罪的优流斯法》第4条"男通奸者被判无罪的,只要女方处在结婚状态,任何人不得控告她通奸"的这条规定来看,女性的"结婚"状态如何界定显得格外重要。在罗马社会,将婚姻效力的起点定在订婚而非结婚:"已婚包括订婚。女子与人订婚后、完婚前与其他男子行奸的,构成通奸,其未婚夫可起诉之。"[1]但是,发生在《量罪记》中男女主人公身上的案情与该条法律规定又有不符之处。女主人公裘丽叶与克劳第奥已经订婚,即她已处于结婚状态,裘丽叶此时的身份是克劳第奥的未婚妻,若此时她与他人通奸,则构成通奸罪无疑。但裘丽叶是与未婚夫克劳第奥发生了性行为并且怀孕。从该剧众多人物的话语中我们可知,在15、16世纪的欧洲,确实存在将未婚先孕作为死罪处罚的法律规定,只不过在大部分情况下,不会被严格地执行。所以,突然将久未使用的刑罚施加在克劳第奥身上,包括克劳第奥本人在内的维也纳公民都觉得这种做法不公平,连公爵自己也觉得"既然准许他们这样做了,现在再重新责罚他们,那就是暴政了"。

根据《量罪记》中的描述,维也纳城有国家制定法,只不

---

1. 徐国栋:《〈惩治通奸罪的优流斯法〉的还原及其逐条评注》,《东方法学》2013年第6期。

过束之高阁,法律条文流于形式。但是,在这十几年当中,虽然淫欲横行,私生子频现,社会的基本秩序还是正常的,并未发生大的动荡和混乱。也就是说,在国家法律没有发生效力之时,自然法则仍在起着作用。面对人性所共有的缺失,人类往往持宽容的态度。以至于当克罗第奥的朋友探监时还发出"官府把奸淫罪看得如此顶真吗?"这样的质疑。当公爵微服私访时也有人说:"其实他(指摄政)对犯奸淫的人稍微放松一点,也是不碍什么的,像他这样子,未免太辣手了。"[1]

安哲鲁摄政后锐意改革的大方向是正确的,但他没有看到克劳第奥案中的特殊情由,裘丽叶实质上已经是克劳第奥的未婚妻,裘丽叶虽未婚先孕,但无论从行为人的主观恶意还是对他人的伤害程度上,都是最轻的,而安哲鲁则单纯地把它视为邪恶的性犯罪,这显然有悖于自然法的精神。

《量罪记》以15、16世纪的欧洲社会为背景展现,这个故事本身具有一定的真实性,能够反映当时欧洲社会对通奸行为的态度和法律制裁的程度。性欲来自人动物性的一面,是最难驯服的部分,人类的性行为是依靠人类的情感与理性进行选择和控制的,而性行为会直接导致孕育后代的结果。在人类最早期的行为规则中,将性行为严格控制在婚姻规则之内,这对于

1.[英]莎士比亚:《量罪记》,朱生豪译,中国青年出版社,2013,第三幕,第72页。

种族血统的纯正具有重要意义。性行为的古老禁忌成为习惯法的一个直接来源,这在东西文明的起始点上保持着高度的一致,在后世的明文法律中,禁止婚外性行为都是重要的内容。

中国古代对奸罪及"杀奸"的认定

一、何为奸罪？

1. "奸""姦"二字释义

在现行的汉语规范中，"姦"作为"奸"的异体字出现，已不再通行。而在中国古籍记载性犯罪的案件和法律条文中，"奸"与"姦"的意思虽有相同之处，却各有侧重。在《史记》《汉书》等史料中，"奸"字的出现主要表示罪行或罪人，奸字常常是阴险、狡诈、虚伪的代名词。诸葛亮《出师表》有说："若有作奸犯科及为忠善者，宜付有司论其刑赏。"此外，对于不能忠于国家或自己一方的人，习惯上称之为奸细或内奸。奸若与性犯罪相联系，在《说文解字》卷一二中解释为："奸，犯婬也。婬，厶逸也。厶音私，姦衺也。逸者，失也。失者，总逸也。婬之字，今多以淫代之，淫行而婬废矣。"《小尔雅·广义》有云："男女不以义交谓之淫。"义是指封建伦常礼教和律法。简单地说，在中国封建社会，凡是违反伦常礼教和封建法律的不正当性行为，即构成奸罪。

在《说文解字》卷一二中同样对"姦"字进行了解释："姦，厶也。"《尚书正义·洪范》篇中也谈及八政之六时说："六曰司寇，主姦盗使无纵。"意思是说司寇官的主要职责是诘治民之奸盗之罪。清代人孙诒让在《尚书正义》中对"姦"与"奸"二字的发展给出了一些提示："姦"字在宋本、嘉庆本中写作"姧"，孙认为这是"姦"字的俗体。而"奸"可推断是"姧"的简化字。可见，"奸"与"姦"意思相近，只不过，"奸"字侧重于解释为放纵之过，而"姦"字作为名词，表示某种罪恶。事实上，从汉代开始的一些文献中，这两个字也被释为同义，如《释名·言语》载："姦，奸也，言奸正法也。"意指违反正当性的规则，即违法、犯罪、罪行等。

2.奸罪的种类及在我国古代法典中的发展

"奸罪"是我国最古老的罪名之一。与西方将"通奸罪"单独开列为一罪不同，传统中国将一切不正当性行为统称为"奸罪"，依据不同的标准，可以划分成不同的种类：

根据奸者的心理状态，可将奸罪分为强奸与和奸（通奸）。《晋书·刑法志》载："不和谓之强。"中国封建社会强奸的含义与现代刑法上强奸的含义大致相同，即男性采取暴力或其他恐吓威胁手段，违背妇女意愿而强行与其发生性关系的行为。强奸又因手段方式的不同，在中国刑法史的不同阶段亦有所发展。元代法律首次规定了诱奸妇逃罪："诱奸妇逃者，加一等，男女同罪，妇人去衣受刑。"(《元史·刑法三》)《大明律》将"诱奸妇逃罪"改为"刁奸罪"，"犯奸"条载："凡和奸，杖八十。有夫，杖九十。刁奸，杖一百……"刁奸即诱奸。此外，南宋《庆元条法事类·杂门》中增加了"女十岁以下虽和同强"的规定，元代法律中增加了轮奸罪，这些对强奸罪的发展，都被明清律继承。[1]

和奸是指双方自愿发生的性行为，即现代所说的通奸（为方便引述原文，本部分涉及中国古代关于通奸的论述统一使用"和奸"一词）。《左传》将男女和奸行为一般称为"通"。秦朝法律已经有和奸罪，秦简《封诊式·奸》："爰书：某里士五（伍）甲诣男子乙、女子丙，告曰：'乙、丙相与奸，白昼见某所，捕校上来诣之。'"男子乙与女子丙相与奸，即和奸。西汉初年《二年律令》开始将奸罪正式区分为和奸与强奸两种罪名，"诸与人妻和奸，及其所与皆完为城旦舂。其吏也，以强奸论之。强与人奸者，府（腐）以为宫隶臣"。强奸者处以宫刑，被强奸者无罪。唐代律典中首次对和奸的概念做了明确解释："和奸，谓彼此和同者。"[2] 依《唐律》规定，和奸男女同罪，

---

[1] 本文关注的重点是通奸罪，故对强奸罪的探讨止于奸罪分类。
[2] 〔唐〕长孙无忌：《唐律疏议》卷第二十六《杂律》"和奸无妇女罪名"条疏议，刘俊文点校，法律出版社，1999，第534页。

已婚妇女与他人通奸,量刑加重一等,但没有规定和奸罪的认定条件。元代法律进一步规定了通奸罪的认定条件,即当场抓获奸夫奸妇或奸夫奸妇同时认罪;但妇女单方面指控他人与自己通奸的被称为指奸,指奸无罪。可见,到了元代,在奸罪的证据取得上趋于完备,以"抓奸捉双"或同时认罪作为固有证据,可以防止诬告通奸的发生,这一原则被明清法律沿用。从元代开始,刑律中新增"杀死奸夫"条,该条规定:"诸妻妾与人奸,夫于奸所杀其奸夫及其妻妾,及为人妻杀其强奸之夫,并不坐。"(《元史·刑法志三》)明清律则规定:"凡妻妾与人奸通,而于奸所亲获奸夫奸妇,登时杀死者,勿论。"[1]关于元代以后通奸罪认定条件的规定将在下文中详细阐述。

根据奸者身份和地位的不同,奸罪还可分为良人相奸、主奴相奸、良贱相奸、亲属相奸、官民相奸、僧侣相奸等。[2]这些罪名的含义都很明确,根据字面意思即可得。唯有良人相奸是指一般平民之间的不正当性行为,唐宋律称之为"凡奸"或"常人相奸"。从《唐律》开始,根据奸者身份地位来确定奸罪

1.《大清律例·刑律》卷二十六"人命门·杀死奸夫"条,田汉、郑秦点校,法律出版社,1999,第423页。

2. 以《唐律疏议》为例,《杂律》中关于奸罪的普通条款和特别条款之规定有第410条"奸徒一年半"、411条"奸缌麻亲及妻"、412条"奸从祖祖母姑"、413条"奸父祖妾"、414条"奴奸良人"、415条"和奸无妇女罪名"、416条"监主于监守内奸"。参阅〔唐〕长孙无忌:《唐律疏议》卷第二十六《杂律律》,刘俊文点校,法律出版社,1999,第14—15页。

轻重的做法，为后世诸朝法律所继承延续。

因罪而设刑是我国封建刑法的特征之一，对犯奸罪者，根据其不同的身份地位，法律上会遵循不同的量刑原则。如有夫奸重于无夫奸；亲属相奸重于良人相奸；奴奸主处重刑，主奸奴不处罚；贱奸良重于良奸贱，良贱相奸重于凡奸；官民、僧俗相奸重于凡奸。[1]

3. 中国古代法典中关于奸罪规定的特点

第一，中国古代关于奸罪的立法逻辑是在同一法条中着重规定和奸罪，而强奸是和奸的加重情节。以《唐律·杂律》"奸徒一年半"条为例："诸奸者，徒一年半；有夫者，徒二年。部曲、杂户、官户奸良人者，各加一等。即奸官私婢者，杖九十；奴奸婢，亦同。……强者，各加一等。"可见，和为通，不和谓之强，法律按照行为人双方意愿的程度来对奸罪加以调控，这样，在不和的情况下即构成强奸，罪行各加一等。

第二，事实上，按照犯罪性质划分，奸罪分为强奸与和奸即可，但中国传统社会是一个重宗法礼教、讲差序等级的社会，所以在法律上特别注重结合人的身份地位来定罪，这一点与西方古代法典中的规定有差别。

第三，奸罪的认定经历了从无到有，量刑经历了轻、重交

---

[1] 有关奸罪处罚的原则表述可参见张中秋《中国封建社会奸罪述论》，《南京大学学报（哲学·人文·社会科学）》1987年第3期。

替发展的过程。[1]在原始社会，两性关系与动物没有多大的差别，尚处在混乱杂交的状态，两性关系是不固定的，也并不存在现代意义上的通奸。但在《尚书》中就出现了"男女不以义交者，其刑宫"[2]的明确记载。即便如此，史料所载春秋时期诸侯贵族之间的私通事件也仍然层出不穷，甚至有尊卑亲属相奸的乱伦行为。至李悝《法经·杂律》中才开始有"夫有二妻则诛，妻有外夫则宫，曰淫禁"[3]的规定。秦汉律中出现了和奸与强奸的概念区分，且处以劳作刑，如张家山汉简《奏谳书》中提到一条规定："奸者，耐为隶臣妾。捕奸者必案之。"[4]再如悬泉汉简中也出现了这方面的规定："诸与人妻和奸，及所与囗为通者，皆完为城旦舂，其吏也，以彊（强）奸论之。其夫居官……"[5]唐律关于奸罪定罪量刑的规定趋于平缓且成体系，宋

---

1. 张中秋教授认为，中国封建社会对奸罪的实际处罚和法律规定存在着较大的脱节，从案件的实际判决上反映了一个共同的倾向——偏重。本文此处的讨论重在说明中国古代法典对奸罪处罚的发展过程。
2.〔清〕孙诒让：《周礼正义》卷六十八《秋官·司刑》，中华书局，2015，第3417页。
3.〔明〕董说撰：《七国考》卷十二《魏刑法·法经》，中华书局，1956，第366页。
4. 张家山汉简二四七号汉墓竹简整理小组：《张家山汉墓竹简（〔二四七号墓〕：释文修订本）》，文物出版社，2006，第108页。
5. 胡平生、张德芳：《敦煌悬泉汉简释粹》，上海古籍出版社，2001，第9页。

元以后，量刑上开始趋重。[1]

第四，历代法律对有夫奸，均从重处罚（见表8）。唐律关于奸罪有"有夫者徒二年"的规定。元律规定"诸和奸者杖七十七，有夫者杖八十七"，明律规定"有夫奸，杖九十"。直到1911年大清新刑律中仍有"和奸有夫之妇者，处四等以下有期徒刑或拘役"。可见，在婚内通奸行为中，奸夫、奸妇均会受到处罚。但相比男性，女性更容易受到法律外的道德谴责，这与宗法伦理观念、妇女贞操道德观念、男尊女卑的社会性质、财产身份的继承等多种因素有关。

表8　唐清律中关于"无夫奸"与"有夫奸"的量刑对比表

罪名		《唐律》	《清律》
和奸	无夫	徒一年半	杖八十
	有夫	徒二年	杖九十

二、中国古代律法对本夫性权利的维护

1."杀死奸夫"在立法上的明确及变化过程

对性权利的控制与占有，自古有之。秦始皇在春秋战国长期的战争之后规定："夫为寄豭，杀之无罪。"（《史记·秦始

---

1. 具体内容可参见彭炳金《论元代对〈唐律〉奸罪立法的继承与发展》，《河北法学》2013年第9期，第24—28页。

皇本纪》)意思是说成年男性只身为家,不婚娶者,杀之无罪。这是国家对性权利的一种控制,并授予百姓以生杀之权。而对于亲属内部不伦行为的零容忍,从"立子奸母,见,乃得杀之"这一条文亦可窥见一斑。[1] 此条文规定继嗣的养子奸养母,可杀死而不负罪责。

汉代有一案:时有美阳女子告假子不孝曰:"儿常以我为妻。"王尊曰:"律无妻母之法。"认为此乃逆伦大案,立命磔而射死。(《汉书·王尊传》)依秦汉律意,王尊的做法只是执行了一个平人的止奸义务,出于义愤、憎恶的情感因素予以即时反击,应该视为一种防卫行为。

至于对知奸杀人的行为应如何处置,《唐律》中给予了明确的回答。"问曰:外人来奸,主人旧已知委,夜入而杀,亦得勿论以否?答曰:律开听杀之文,本防侵犯之辈。设令旧知奸秽,终是法所不容,但夜入人家,理或难辨,纵令知犯,亦为罪人。若其杀即加罪,便恐长其侵暴,登时许杀,理用无疑。况文称'知非侵犯而杀伤者,减斗杀伤二等',即明知是侵犯而杀,自然依律勿论。"[2] 但是疏议也强调家主必须是登时杀死行奸者,方才勿论,否则要比照斗杀伤罪减二等处罚。可

---

1. 程树德:《九朝律考》卷一《汉律考》(《公羊》桓公六年《传》何注引律),中华书局,2003,第68页。
2. 钱大群:《唐律疏义新注》卷第十八《贼盗律》"夜无故入人家"条,南京师范大学出版社,2007,第595页。

见在唐代，将此种情况归于"夜无故入人家"条下，仍需符合"必是寅夜，必是家内，必是无故、必是登时杀死"才不追究事主责任。

《元律》中出现了"杀死奸夫"的专条规定。针对此律文本身，主要争论点在于其是否脱胎于《唐律》中的"夜无故入人家"条，进而产生了对其是否属于防卫律文的质疑。

首先需要明确的是唐之前的立法中并没有"杀死奸夫"的专条规定，而是在"夜无故入人家"条后的解释部分以问答的形式回答了对知奸杀人行为的处置。[1]从唐律中的解释可知，唐代自然是有捉奸之事的，但知奸杀人的情况仍归于"夜无故入人家"条下，立法上并无专门保护本夫性权利的条文。

元朝至元四年（1338）出现了有关一起法官支持本夫杀死奸夫案的明确记载。该案中，丈夫张驴儿于十二月二十三日夜亲获妻戴引儿与刘三于本家屋内通奸，欲行捉拿时，遭到刘三反抗，张驴儿用刀扎刺刘三，致其行至河边时死亡。法官依据"和奸有夫妇人，虽傍人，皆得捕击以送官司。而罪人持杖拒捍，其捕者格杀之及走逐而杀者，勿论"的旧例，认定张驴儿不合治罪。[2]但此时法官所依据的仍然是"旧例"，并非独立

---

1. 钱大群：《唐律疏义新注》卷第十八《贼盗律》"夜无故入人家"条，南京师范大学出版社，2007，第595页。

2.《元典章》，陈高华等点校，中华书局，天津古籍出版社，2011，第1466页。

规定。此旧例乃延续了《唐律·捕亡律》"不言请辄捕系"条的规定,具体内容为:"诸被人殴击折伤以上若盗及强奸,虽傍人皆得捕系,以送官司(捕格法,准上条。即奸同籍内,虽和,听从捕格法)。"疏议进一步解释说:"持杖拒捍,其捕者得格杀之;持杖及空手而走者,亦得杀之。其拒捕、不拒捕,并同上条'捕格'之法。"[1] "不言请辄捕系"条本是不报请官司,擅自捉捕罪人之行为,故设此条对擅捕者给予惩治。但其中律意言明,若出现奸同籍内人(和奸),同居家人均可将其捕系送官。若此时因罪人拒捕而产生伤杀,可视拒捕情形减免其刑,其中罪人"持杖拒捍"而捕者格杀之,或罪人逃走(不论持杖与否)而逐杀之,或罪人窘迫自杀者,皆勿论。此规定具有正当防卫的立法属性。从张驴儿案的案情分析看,张驴儿用刀刺扎刘三,是出于自卫的反击行为,法官依据旧律,认定张驴儿不合治罪,在法律适用上并不存在疑问。

但从《元律》中"杀死奸夫"条的文本表述看,其与"不言请辄捕系"条又不尽相同,其规定为:"诸妻妾与人奸,夫于奸所杀其奸夫及其妻妾,及为人妻杀其强奸之夫,并不坐。若于奸所杀其奸夫,而妻妾获免,杀其妻妾而奸夫获免者,杖

---

1. 〔唐〕长孙无忌:《唐律疏议》,卷第二十八《捕亡律》"被殴击奸盗捕法"条,刘俊文点校,法律出版社,1999,第567—568页。

一百七。"[1]此条所言不坐罪的情况有二，其一是本夫在奸所获奸，且必须是同时杀死奸夫奸妇；其二是杀死强奸其妻者。在"女子出嫁，义当从夫"的传统主流价值观下，妻妾的不忠行为是一种耻、一种恨，本夫自然会产生一种强烈的报复心理。元代法律中明确对本夫"杀人而义"的复仇行为给予宽容，但并不涉及对"不言辄请捕系"这一情况的具体处置。

明清律中效仿元律此条规定，但在内容上亦有变化，以清代"杀死奸夫"条为例："凡妻、妾与人通奸，而本夫于奸所亲获奸夫奸妇，登时杀死者，勿论。若止杀死奸夫者，奸妇依（和奸）律断罪，入官为奴（明律为从夫嫁卖）。"[2]本条对本夫杀奸不论罪的解释理由颇有防卫之意，其律上注言明："杀奸弗论，重在登时。盖奸夫奸妇既有奸通之事，必有防范之心，卒然往捉，恐反为所害，故登时杀死者，特原其擅杀之罪。"[3]该条的解释事实上是将"不言辄请捕系"条适用捕格法的情形涵盖其中，但在文本体例上又与"夜无故入人家"条颇为相似，所以有明清律学者主张"杀死奸夫"源于"夜无故入人家"条："夜无故入人家，主家登时杀死者勿论，奸、盗罪人

---

1. 邱汉平编著：《历代刑法志》，商务印书馆，2017，第499页。
2. 〔清〕沈之奇：《大清律辑注》（下册），怀效锋、李俊点校，法律出版社，2000，第663页。
3. 〔清〕沈之奇：《大清律辑注》（下册），怀效锋、李俊点校，法律出版社，2000，第666页。

均已包括在内。此条奸所获奸,登时杀死,尚与主家登时杀死勿论之律意相符。"[1] 若奸所与家宅重合,杀奸行为又发生在寅夜,那么确实会出现法条竞合的情况,持此种观点似乎也不无道理。不过沈家本给出的反驳理由是:"盖无故而来,其意莫测,安知非刺客奸人?主家惧为所伤,情急势迫,仓促防御而杀之,故得原宥耳。而捉奸之事,皆先知而后前往,有何情急势迫之可言?"[2] 通奸的偶发性特征并不明显,家主知奸而杀的非情急情况不易排除,所以沈氏只从情况急迫这一点解释"夜无故入人家"条的立法范围似乎过窄了,该条之所以涵盖了知奸杀人的情形,其意在保护私宅的安全。

从元代开始,面对杀死奸夫的行为,法律规定出现了变化。此后,引申出了对案发空间的界定,如"奸所""奸夫家""窝奸人家""拐所"等词语在司法案例中陆续出现。于是针对《唐律疏议》"明知来人系为奸,亦得登时予以杀害"的行为,在明清律中有了专条规定。明清律的"杀死奸夫"条与"夜无故入人家"条相较,变化在于准本夫杀奸夫、奸妇,但必须在奸所亲获,不论其为夜间与白昼。明清律中的"杀死奸夫"条是在元律基础上产生的,但"去掉了拘捕,使杀人丧失

---

1. 〔清〕沈家本:《历代刑法考》,中华书局,1985,第2086页。
2. 〔清〕沈家本:《历代刑法考》,中华书局,1985,第2086页。

了合理依据"。[1] 可见，问题出在从明律开始对元代"杀死奸夫"条的改动，明律中删去了允许旁人杀奸盗犯罪的"不言辄请捕系"条，捕系行为无律文可引，不得不在"杀死奸夫"条后以注文的形式罗列出繁琐的止奸主体和对不同杀奸后果的惩治方式，后经屡次删改，遂全失原有律义。元律强调的是在本夫奸所同时杀死奸夫、奸妇方得勿论，而明律文后注中还对杀死奸夫、奸妇的行为进一步做出规定，清律则变为登时杀死奸夫、奸妇，或登时止杀奸夫，皆得勿论。律文形式上虽沿用元律中的"杀死奸夫"条的体例，但舍弃了"杀人而义"的公许复仇的立法原意，注入的却是"夜无故入人家"条的防卫基因。薛允升也解释认为："登时杀死勿论，即夜无故入人家，主家登时杀死勿论之意也。"[2] 加之明清律文的不断添修，与古义愈发遥远，就连沈家本也感叹说："明代深于律学者，盖亦心知其非而不敢轻议……本朝修律，遂纂入《律注》，正所以救正其失也。而终于因仍不改者，沿习既久，莫之敢议耳。后来条例日益增多，樛葛纷纭，抵牾不免，证诸《唐律》，有不能尽符者矣。"[3]

1.《大明律·刑律二》卷第十九人命门"杀死奸夫"条，怀效锋点校，法律出版社，1999，第151页。

2.〔清〕薛允升：《唐明律合编》，怀效锋、李鸣点校，法律出版社，1999，第475页。

3.〔清〕沈家本：《历代刑法考》，中华书局，1985，第2087页。

2. "杀死奸夫"条重在保护本夫的"合法"性权利

"奸者,乖乎礼,溺乎情,非所应然而然之谓也。"[1]奸罪是乖于礼、悖乎情的。就婚姻而言,男女双方均负有忠诚义务,但在男权社会,男性在婚姻中的主导地位使得人们普遍将女性对丈夫的忠诚看得更为紧要和突出。在这种背景之下,所谓"奸罪"即是对忠诚义务的违背,甚至专指对男性("本夫")性权利的侵犯。所以,从元代开始,国家律法规定"奸所捉奸"旨在强调本夫已经掌握了通奸的确凿证据。在这种情况下,本夫可不必报官,登时杀死奸夫奸妇也被视为一种正当防卫,可不被追究刑事责任。

首先,"杀死奸夫"条强调的是保护本夫合法的性权利,对非法的性权利并不保护。以发生在清代的一起情杀案说明之。王均芳与王登有因做生意而结拜为兄弟。王均芳借机与王登有的母亲王马氏通奸。同时,王马氏与樊丁二另有奸情。一日,王马氏与王均芳行奸时被樊丁二撞破。樊因妒生愤,抽刀扑砍,被王均芳用木棒击落。王均芳借势棒击樊丁二,此时樊丁二已无招架之力。王均芳还不解气,顺手拾刀,砍伤樊太阳穴、左右腮、额颅等处,致其当场殒命。该案的争议焦点有二:一是王均芳与义兄之母通奸,能否构成乱伦罪;二是王均

---

[1]〔清〕王明德:《读律佩觿》,何勤华等点校,法律出版社,2001,第113页。

芳杀死的是奸夫樊丁二,能否适用"杀死奸夫"条。王均芳因奸酿命一案,后经秋审。针对争议焦点,法官一致认为"与乱伦无异",但否决了适用"杀死奸夫"一条,最终判决认为:"通奸虽以凡论,而情节可恶,人死虽由斗殴,而迹尽故杀,应否该缓入实,商之。"[1]本案中,无论是王均芳还是樊丁二,在面对这段情感关系的第三人时,都受到义愤、受辱、受骗等情感冲击,但王均芳杀死樊丁二的行为无法定性为"杀奸",因为王均芳与马氏之间也是通奸关系,并不受法律保护。从此案的判决结果看,也是以故杀罪处置了王均芳。

其次,法律允许有服亲属抓奸,但与本夫相比,其合法性要弱一些。古代的婚姻关系并不是单纯的男女结合,还有双方尊家长的参与。加之尊卑服制亲属关系,使得制止通奸行为的主体更加多元和复杂。明律"杀死奸夫"条的律文中只言明本夫杀死奸夫,并没有提及有服亲属可以作为止奸的主体,故律末小注对有服亲属的止奸行为进行了区分:

> 本夫之兄弟及有服亲属,或同居人,或应捕人,皆许捉奸。
>
> 其妇人之父母、伯叔、姑、兄、姊、外祖父母,捕奸

---

1. 〔清〕樊增祥:《樊山政书》卷五《樊山批秋审簿"奸夫杀奸夫"》,中华书局,2007,第133页。

杀伤奸夫者，与本夫同。

但卑幼不得杀尊长，犯则依故杀伯叔母姑兄姊律科。

尊长杀卑幼，照服轻重科罪。

弟见兄妻与人行奸，赶上杀死奸夫，依罪人不拒捕而杀。[1]

清律在明确了亲属、同居人、应捕人负有止奸义务的同时，也限制了行为合法性的范围，如有杀伤者，并非勿论，而是比照"夜无故入人家"条擅杀之律，参酌具情。明清律中明确规定本夫之兄弟与有服亲属，包括同居人，都有捉奸的义务，同时也强调应捕人也有止奸的责任。女方之父母等亲属杀伤奸夫，与本夫同，并杀奸妇者，亦与本夫同。值得注意的是，此规定本夫或亲属等人均可止奸，是指奸夫奸妇之间无亲属关系的情况。

如果奸夫奸妇有服制亲属关系，止奸人又是卑幼，依律"卑幼不得杀尊长"，那么对止奸者是否应加重处罚？清嘉庆年间有一案：余在邦因撞见外姻缌麻表兄朱万明与伊妹余氏通奸，将朱万明扎伤殒命。余在邦杀死朱万明，虽系奸所登时，惟死者系外姻缌麻表兄，服制攸关。陕西省巡抚认为，本夫有

---

1. 〔清〕沈之奇：《大清律辑注》（下册），怀效锋、李俊点校，法律出版社，2000，第663页。

服亲属捉奸，杀死犯奸尊长，若杀系外姻功缌尊长，仍照殴故杀本律，拟绞监候；九卿会审核拟此案，认为余在邦系奸所登时杀死，减为杖一百，流三千里。[1]依大清律，有服亲属捉奸杀外姻功缌尊长，按殴故杀本律拟罪；若奸所登时杀死，则减等处罚。

3. "奸所"与"登时"是确定杀奸行为合法性的重要要件

清人吕芝田在《律法须知·论命案》中说："凡杀奸之案，要在相验时，察看情形，有无行奸确据。如系登时杀死，或正行奸之时，及奸甫毕，或奸毕同宿，其必裸体，或不穿小衣，即惊觉而起，其杀必在卧房内外，断不在己屋之外，其杀处应勘地上有无血迹。……盖奸情暗昧，奸所获奸，登时杀死，真伪罪名，所关悬殊，不可不详慎推求实情。至于已就拘执而擅杀，更难瞒邻人也。再如捉奸，奸夫逃脱，逐至门外而杀，及闻奸数日而杀，尤难瞒过邻人也。"[2]强调行奸之场所，目的在于证明为本夫亲眼所见，证据确凿。李渔对此也曾有议论，认为："奸情有二，曰强曰和。其章明较著而易断者，莫若和奸，以捉奸必于奸所，奸夫淫妇，罪状昭然，不敢不以实告故

---

1. 〔清〕祝庆祺、鲍书芸等编：《刑案汇览三编（二）》，北京古籍出版社，2004，第868页。

2. 任继愈主编：《中华大典·法律典·诉讼法分典一》，巴蜀书社，2006，第347页。

也。"¹此外，如余在邦案，法官在分析此案时，强调"登时杀死"，如上文释义，"登时"乃强调义愤之一瞬间，或防卫行为的连续性。所以，对本夫性权利的维护，法律同样强调"奸所"获奸，且"登时杀死"。"凡妻妾与人通奸，而本夫知觉，即于行奸之所，将奸夫奸妇亲身捉获，登时杀死者，弗论。亲获于奸所，则奸有凭据，发于义愤，事出仓卒，故特原其擅杀之罪。"²

首先，"奸所非登时""非奸所登时"都会削弱本夫防卫的合法性。

法律对本夫性权利的保护表现在，仅允许本夫奸所获奸，登时杀死者，方得勿论。若"非奸所，奸夫已去，将奸妇逼供而杀，俱依殴妻至死。已离奸所，本夫登时逐至门外杀之，止依不应杖；非登时，依不拒捕而杀。奸夫奔走良久，或赶至中途，或闻奸次日追而杀之，并依故杀。奸夫已就拘执而殴杀，或虽在奸所捉获，非登时而杀，并须引夜无故入人家已就拘执而擅杀至死例"。³《读律琐言》也言："妻妾与人通奸，而

1.〔清〕李渔：《李渔全集》第十六卷《资治新书（初集）》，张道勤点校，浙江古籍出版社，1991，第19页。

2.〔清〕沈之奇：《大清律辑注》（下册）"杀死奸夫"条律后注，怀效锋、李俊点校，法律出版社，2000，第663页。

3.〔清〕薛允升：《唐明律合编》，怀效锋、李鸣点校，法律出版社，1999，第473页。

本夫于奸所捕获奸夫、奸妇,登时杀死者,勿论。若止杀死奸夫者,奸妇依和刁本律科断,从夫嫁卖。须看'通奸''登时'字样。……或虽成奸,而已就拘执;或非奸所捕获,皆不得以杀死勿论矣。"[1]

其次,"非奸所登时杀死"所强调的是本夫在间接知晓奸情的情况下,杀死奸夫(奸妇)。

有"父撞破奸情告知子杀死奸妇"一案,讲的就是这种情况:魏机匠与吴世柏之妻樊氏通奸,被樊氏父亲撞见后逃跑,随后樊氏父亲将此奸情告知女婿吴世柏,吴世柏气愤将樊氏勒死。应将魏机匠、吴世柏均照非奸所获奸,将奸妇杀死,本夫奸夫拟徒例各杖一百,徒三年。[2] "非奸所"意味着奸罪证据的证成力不足;"非登时"则意味着防卫行为并非在急迫状态下发生。这些要素都削弱了本夫防卫行为的合法属性。可见,在实际案件中,还会出现非奸所登时杀死、奸所非登时杀死等与律意存在差异的复杂情况。根据不同情况,法律会对本夫加以处置,而非勿论,如下图所示。

---

1. 〔明〕雷梦麟:《读律琐言》卷第一九"杀死奸夫"条,怀效锋等点校,法律出版社,2000,第348页。
2. 〔清〕祝庆祺、鲍书芸等编:《刑案汇览三编(二)》,北京古籍出版社,2004,第889页。

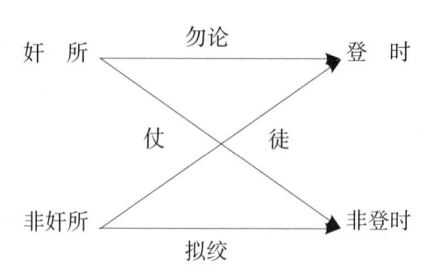

```
奸所 ——勿论——→ 登时
       仗 ╳ 徒
非奸所——拟绞——→ 非登时
```

本夫杀奸夫的各种情况示意图

再次,非奸所、非登时的情况,本夫的防卫合法性最低,法律对本夫的惩治也最重。

"杀奸不容少缓,例分拟杖拟绞之文,总视其是否奸所登时为断。若杀奸并非登时,获奸又非奸所,自应依罪人不拒捕而擅杀律科罪。"[1]这种情况意味着本夫是在捉奸证据不充分且非急迫情急的状态下杀死了奸夫或奸妇,这时他的杀人行为已经不再是出于防卫目的,反而构成了非法剥夺他人生命的犯罪,不再受法律保护,故而以擅杀律科罪。

明清法官在处理"本夫杀死奸夫"这类案件时,多采取审慎态度,既要参详律意,还要比照旧例来裁断。但是,仍然存在判决意见不一致的情况。如乾隆五十四年(1789)有"奸所获奸逃脱连夜寻获致毙"一案:欧美成之妾唐氏与欧受受通

1.〔清〕祝庆祺、鲍书芸等编:《刑案汇览三编(二)》,北京古籍出版社,2004,第888页。

奸,欧美成于床下将奸夫欧受受捉获,被唐氏将他推开,唐氏、欧受受逃逸。欧美成连夜寻找,至次晨在屋后山内寻获唐氏拉回,又至欧受受家,捉获欧受受,一并拴缚推入河内溺毙。[1]此案属于奸所获奸、杀于非登时的情形。原审判决认为,欧美成依"捉奸已离奸所,非登时杀死不拘捕奸夫例"拟绞。刑部驳回原审,认为欧美成在其妾床下亲获奸夫,系属奸所获奸,因欧受受逃逸,不能当时杀死,即连夜寻找,其激于义愤之心并未寝息,一经寻获,即一并拴缚溺毙。其间既无另有启衅别情,与闻奸数日杀死奸夫妇的案件相比,犯罪情节较轻,且与捉奸已离奸所、非登时止杀死奸夫的行为有所区别。最终欧美成被改判为杖徒刑。

但需要注意的是,在明清律中,本夫杀死奸妇,官府对奸夫如何处置,还需看奸妇是否死于登时。有例载:"本夫奸所获奸,登时将奸妇杀死,奸夫当时脱逃后,被拿获到官,供认不讳者,将奸夫拟绞监候,本夫杖八十。若奸所获奸,非登时将奸妇杀死,奸夫到官供认不讳者,将奸夫拟杖一百,流三千里,本夫杖一百……""本部查本夫捉奸杀死奸妇之案,奸夫应否抵拟,总以奸妇之被杀是否登时为断,而被杀之是否登时,总以本夫之杀奸有无间断为断……"[2]

---

[1]〔清〕祝庆祺、鲍书芸等编:《刑案汇览三编(二)》,北京古籍出版社,2004,第882页。

[2]〔清〕祝庆祺、鲍书芸等编:《刑案汇览三编(二)》,北京古籍出版社,2004,第882—883页。

中国古代对未婚通奸行为的司法实践

一、对未婚通奸行为的法律规定变化

未婚通奸的行为主体为未婚，正像《量罪记》中的主角克劳第奥与裘丽叶，本身二人的行为属于双方合意，并且没有损害到第三方利益，暂不会造成对另一家族血缘延续上的混乱，但在《量罪记》中，二人的行为被明确定性为通奸。相较之下，对于未婚通奸，在我国古代法典中能否找到明确的法律规定，在司法实践中又是怎样适用法律的，这是本节所要探讨的重点。

1.有无法条适用的问题

秦汉律中关于奸罪的规定尚比较模糊，如汉初的《二年律令·杂律》中有规定："诸与人妻和奸，及其所与皆完为城旦舂。"该条规定起始于婚内和奸，并没有对婚前性行为加以规

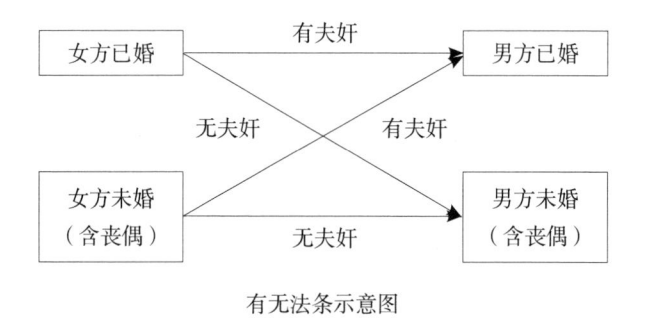

```
女方已婚 ──有夫奸──→ 男方已婚
       ╲  无夫奸  ╱
        ╲有夫奸╱
        ╱    ╲
女方未婚 ──无夫奸──→ 男方未婚
(含丧偶)              (含丧偶)
```

有无法条示意图

定。[1]从《唐律》开始,"诸奸者,徒一年半;有夫者,徒二年",从文字表述上看,"诸奸者"应是涵盖未婚通奸行为的。如图表所示,男女双方若均未婚,属于"无夫奸"范畴。总之,唐代开始,历代法典中的"无夫奸"条均将未婚通奸行为归罪。

2."凡奸"条量刑的发展情况

如果发生《量罪记》中那样的未婚通奸行为,《唐律》规定双方各处徒刑一年半,《宋律》无变化。《元律》量刑有减轻的趋势:"和奸者,杖七十七。"《明律》量刑与《元律》大体相当,其"犯奸"有言:"凡和奸,杖八十。"《大清律例》中《刑律·犯奸门》规定:"凡和奸,杖八十;有夫者,各杖九十。"[2]这种关于奸罪的量刑由重到轻的变化,清人薛允升已

---

1. 就此问题,也有学者持相同的观点。可参见[日]富谷至:《奸罪的观念——从汉律到唐律》,《中国古代法律文献研究》(第八辑),社会科学文献出版社,2014。

2.《大清律例·刑律》卷三十三犯奸门"犯奸"条,田涛、郑秦点校,法律出版社,1999,第521页。

注意到:"唐律奸事在杂律,明以奸为败伦伤化之事,宜特立禁条,使人知所惩创,将诸奸事为一类,而属之刑律。按此,盖视犯奸为重也,而改唐律之徒罪为杖,则又从轻矣,不知其故。"[1]并且,依照《唐律》规定,通奸双方不仅要受到刑罚,日后也不能结婚。到了明清律中,已无这样的规定。[2]

3.清末礼、法派关于"无夫奸"存废的争论

清末变法修律中,在沈家本的主持下,继受大陆法系,在日本修律顾问冈田朝太郎的协助下,制定了《钦定大清刑律》(即《大清新刑律》)。在该律中,沈家本、杨度、汪荣宝等法理派人士主张对"无夫奸"应予除罪化。针对"无夫奸"是否应定罪及如何处罚的问题,法理派与礼教派的争论尤为激烈。沈家本在《修正刑律草案》中指陈:"国家立法期于令行禁止,有法而不能行,转使民玩法而肆无忌惮。和奸之事,几于禁之无可禁,诛之不胜诛,即刑章具在,亦只空文,必教育普及、家庭严正、舆论之力盛、廉耻之力生,然后淫靡之风可少衰。……防遏此等丑行,不在法律而在教化,即列为专条,亦

1.《大明律·刑律八》卷第二十五犯奸门"犯奸"条,怀效锋点校,法律出版社,1999,第700页。

2.如《明律·犯奸》条:"……奸妇从夫嫁卖。其夫愿留者,听。"见《大明律例·刑律八》卷第二十五犯奸门"犯奸"条,怀效锋点校,法律出版社,1999,第197页。对于发生婚前性行为的救济措施,从明清开始立法上不再加以干涉。

无实际。"¹法理派认为和奸不应定罪的论据是法律应与礼教相分离；礼教派则认为法律与礼教相为表里，中国风俗与西方国家不同，中国社会传统赖以生存的根基是女德，"无夫奸"的行为，会引起家长的羞愤、家族的悲剧和社会的不安。

关于"无夫奸"是否为罪的礼法争议，经宪政编查馆的调解未果，最终于宣统二年（1910）十二月初八，资政院第三十七次院会以投票表决的方式，主张有罪者使用"白票"，主张无罪者使用"蓝票"，以白票七十七对蓝票四十二，主张有罪者获胜。最后，在《大清新刑律》第289条规定："和奸有夫之妇者，处四等有期徒刑或拘役。其和奸者，亦同。"²《暂行章程》第4条规定："犯第二百八十九条之罪为无夫妇女者，处五等有期徒刑、拘役或一百圆以下罚金。其和奸者，亦同。前项犯罪须妇女尊亲属告诉乃论，但尊亲属告诉，事前纵容或事后得利而和解，其告诉为无效。"³此举否定了法理派"无夫奸"不定罪的主张，但从《暂行章程》的该律条来看，对于和

---

1. 黄源盛：《中国法史导论》，广西师范大学出版社，2014，第371页。转引自沈家本《沈大臣酌拟办法说帖》，收于劳乃宣《桐乡劳先生（乃宣）遗稿》。沈云龙主编《近代中国史料丛刊》第三十六辑，文海出版社，1973，第877—1060页。

2. 黄源盛纂辑：《晚清民国刑法史料辑注》（上），元照出版有限公司，2010，第341页。

3. 黄源盛纂辑：《晚清民国刑法史料辑注》（上），元照出版有限公司，2010，第360页。

奸罪的告诉采取（妇女方尊亲属）不告不理的原则。

二、"凡奸条"在未婚通奸案中产生的实际效力

事实上，加重处罚的情况多是对已婚通奸和强奸犯罪，尤其是案件中涉及人命、谋反情节时，奸罪往往被重罪吸收。以秦汉时期的奸罪搜集为例（见表9），在这46个案件中，主罪为奸罪的有9例，严格按照奸罪来论处的只有5例，有些是因谋反、不敬等政治原因而发案的，其中的奸淫之事反而有点顺手牵羊的感觉。

表9 秦汉时期和奸罪处罚情况一览表

时期	事例材料	处罚	材料来源	备注
秦始皇	秦王年少，太后时时窃私通吕不韦。	无	《史记·吕不韦列传》	
	（嫪毐）常与太后私乱，生子二人。	夷嫪毒三族，杀太后所生两子，迁太后于雍。	《史记·吕不韦列传》	主罪是谋反
	（赵高）父犯宫刑，妻子没为奴婢，妻后野合所生子皆承赵姓。	无	《史记·蒙恬列传》转注《索引》	
	（薄太后父）秦时与故魏王宗家女魏媪通，生薄姬。	无	《史记·外戚世家》	

续表

时期	事例材料	处罚	材料来源	备注
吕太后	辟阳侯幸太后。	无	《史记·郦生陆贾列传》	
文帝	袁盎自其为吴相时，尝有从史，从史尝盗爱盎侍儿，盎知之，弗泄，遇之如故。	无	《史记·袁盎晁错列传》	
景帝	（卫青父）郑季，为吏，给事平阳侯家，与侯妾卫媪通，生青。	无	《史记·卫将军骠骑列传》	
	（荒侯）令其夫人与其弟乱而生他广。	他广夺侯，国除	《史记·樊郦滕灌列传》	纵妻犯奸
武帝	（霍仲孺）以县吏给事平阳侯家，与侍者卫少儿私通而生去病。	无	《汉书·霍光金日磾传》	
	（卫）少儿故与陈掌通，上召贵掌。	无	《史记·卫将军骠骑列传》	
	康后有淫行，与王不相中，相危以法。	无	《史记·孝武本纪》	
	（窦太主）寡居，年五十余矣，近幸董偃。	无	《汉书·东方朔传》	
	李太后亦私与食宫长及郎中尹霸等士通乱。	无	《史记·梁孝王世家》	
	安平侯鄂千秋玄孙伯与淮南王女陵通而中绝，又遗淮南王书称臣尽力。	弃市	《史记·淮南衡山列传》	主罪为谋反

147

续表

时期	事例材料	处罚	材料来源	备注
武帝	（衡山王赐女无采）嫁弃归，与奴奸，又与客奸。	不详	《史记·淮南衡山列传》	
	土军式侯宣义……坐与人妻奸，免。	免侯	《汉书·高惠高后文功臣表》上	主罪为奸罪
	岸头侯张次公……坐与淮南王女陵奸，受财物。	免侯	《汉书·景武昭宣元成功臣表》	主罪为奸罪
	侯朝嗣……坐为济南太守与城阳王女通。	耐为鬼薪	《汉书·高惠高后文功臣表》上	主罪为奸罪
	郎者顷之与后宫乱（胶西王刘端后宫）。	处死	《史记·五宗世家》	主罪为奸罪
	（韩嫣）出入永巷不禁，以奸闻皇太后。	赐死	《史记·佞幸列传》	主罪为奸罪
	延年弟季与中人乱，出入骄恣。	族	《汉书·佞幸传》	主罪为奸罪
	平阳侯曹宗……坐与中人奸，阑入宫掖门。	入财赎，完为城旦	《汉书·高惠高后文功臣表》	主罪为奸罪
	（南越国）太后自未为婴齐姬时，尝与霸陵人安国少季通。	无	《史记·南越列传》	
	（公孙）敬声与阳石公主奸。	公孙敬声死狱中，家族	《史记·卫将军骠骑列传》	主罪为巫蛊
	彭祖取江都易王宠姬、王建所奸淖姬者，甚爱之。	无	《汉书·景十三王传》	

续表

时期	事例材料	处罚	材料来源	备注
昭帝	（鄂邑盖长公主）内行不修，近幸河间丁外人。	无	《汉书·霍光金日磾传》	
宣帝	（霍光夫人）显寡居，与子都乱。	无	《汉书·霍光金日磾传》	
	（田广明）以祁连将军将兵击匈奴……受降都尉前死，丧柩在堂，广明召其寡妻与奸。	田广明受责，自杀	《汉书·酷吏传》	主罪为坐击匈奴不至期
	女弟为人妻，而（广川王海阳）使与幸臣奸。	不详	《汉书·景十三王传》	
	（河间王）元取故广陵厉王，厉王太子及中山怀王故姬廉等以为姬……元迫胁凡七人，令自杀。	诏削二县	《汉书·景十三王传》	数罪并罚
成帝	侯建……坐尚阳邑公主与婢奸主旁，数醉骂主。	免侯	《汉书·景武昭宣元成功臣表》	主罪为不敬
	（王商）女弟淫乱。	不详	《汉书·王商史丹传》	
	长陵大姓尚方禁，少时尝盗人妻。	见斫，创著其颊	《汉书·薛宣朱博传》	非官府处罚
	皇太后女弟司马君力与（杜）钦兄子私通事。	无	《汉书·杜周传》	
	（淳于）长与嬺私通。	无	《汉书·佞幸传》	
王莽	（任）永妻淫。	自杀	《后汉书·独行列传》	非官府处罚

续表

时期	事例材料	处罚	材料来源	备注
王莽	（冯）信侍婢亦对信奸通。	自杀	《后汉书·独行列传》	非官府处罚
明帝	中山简王薨，政诣中山会葬，私取简王姬徐妃，又盗迎掖庭出女。	诏削一县	《后汉书·光武十王列传》	数罪并罚
和帝	有故掖庭技人哀置，嫁为男子章初妻，（乐成王）党召哀置入宫与通……又取故中山简王傅婢李羽生为小妻。	诏削二县	《后汉书·孝明八王列传》	数罪并罚
安帝	（乐成王刘苌）风淫于家，娉娶人妻。	贬为侯	《后汉书·孝明八王列传》	数罪并罚
安帝	（刘）瑰与安帝乳母王圣女伯荣私通。	无	《后汉书·宗室四王三侯列传》	
顺帝	（孙）寿见宫，辄屏御者，托以言事，因与私焉。	无	《后汉书·梁统列传》	
顺帝	（阴城公主）贵骄淫乱，与嬖人居帷中。	无	《后汉书·班梁列传》	
灵帝	东郡有盗人妻者亡在孝中。	伏其事	《后汉书·蔡邕列传》	主罪为奸罪
东汉	利取侯毕寻玄孙守坐奸人妻。	国除	《东观汉记校注》	主罪为奸罪
汉	胡谭取周碧为妻，谭阴阳不属，令碧与李方、张少奸通，冀得其子。	不详	《风俗通义》	纵妻犯奸

此外，童养媳在中国古代是一种特殊的存在。一些穷苦人家的女孩在年幼时被人领养，长成时为人儿媳。这种"待年媳"的传统在中国旧社会非常普遍。"童养媳"的身份特征是已有婚约束缚，但因年龄尚小，未到实质婚姻阶段，此时若与未婚夫在婚前发生了性行为，在法律上是禁止的。如《大清律例·总类》"比引律条"条规定："男女定婚，未曾过门私下通奸，比依子孙违犯教令律，杖一百。"虽然法律上禁止未婚通奸行为，但是却无专条法治罪，仅是比附"子孙违犯教令律"杖一百。

随着人类社会的进步和开化，未婚通奸行为虽为律例所禁止，但前提是被告发，而从处理结果看，大多情况下也只是从轻发落。道光二年（1822），广东司宪审案得，胡六五儿聘定戴张氏之女妞儿为妻，过门童养，后胡六五儿与妞儿行奸事发。刑部认为，妞儿毕竟已经过门童养，与未经过门者有所不同，因此将胡六五儿依"男女定婚，未曾过门私下通奸，比依子孙违犯教令，杖一百律减一等，拟杖九十"。[1]可见，地方司法机构面对此类案件，态度上趋于从轻处罚原则，以教育当事人为主。

---

1. 〔清〕祝庆祺、鲍书芸等编：《刑案汇览三编（一）》，北京古籍出版社，2004，第245页。

但是，如果是未婚妻与他人通奸甚至发生人命案，那么性质就大为不同了。

以发生在乾隆五十年（1785）的一起通奸人命案为例。安徽省汪二与吴舍未婚妻叶氏通奸，汪二用毒谋杀了本夫吴舍。有证据证明叶氏并不知情，也非同谋，因例无明文，援引乾隆八年（1743）安徽省曾大猫及十二年直隶省单存等因奸谋害未婚夫身死二案的判决，奸妇止科奸罪成案，将叶氏照军民相奸例拟以枷杖，题结在案。清代未婚妻（多为童养媳）在成婚之前与人通奸的案件尚多有记载。如乾隆二十二年（1757），张、曾两家已订立婚约，然而小张氏在未出嫁前就与钱至隆通奸，过门数日后仍与钱续奸。最终，钱至隆起意将本夫曾成茂谋杀。广东巡抚将小张氏照奸妇虽不知情拟绞，刑部主张在室女与他人通奸，奸夫私自杀许配之夫，奸妇罪止科奸，最终拟议将小张氏改依军民相奸例拟以杖枷。又如乾隆四十三年（1778），湖南省有过门童养媳田氏恋奸，商同奸夫田靠添谋杀未婚夫张成业，田氏仍照因奸谋死亲夫律凌迟处死。这些案件与《量罪记》中主人公的行为不同，均是未婚妻与他人通奸，奸罪属实。但奸夫（奸妇）因奸杀人则除了通奸罪，还犯有谋杀罪，二罪从一重处罚。[1]

---

[1] 〔清〕祝庆祺、鲍书芸等编：《刑案汇览三编（二）》，北京古籍出版社，2004，第853页。

通奸具有隐秘、不易被发觉、举证困难的特点，短时间内没有证据则不易察觉，只有在外力的干扰下才会因奸成案。[1]如若案中有案，发生人命官司后，司法官会介入案件调查，并且对案件中的主要行为人加重处罚。如明代《野记》中的"误杀"案、清代《拍案惊异》中的"成衣匠设奸计"案、《阅微草堂笔记》中的"闽女"案、《聊斋志异》中著名的"胭脂"案，这些案件中或有未婚男女情投意合或私定终身的情节，但也有涉及拐卖、人命、诱奸等罪行的。所以，此类案件多依法裁断。

当然，未婚通奸的行为也不乏大团圆的结局。尤其到了明清，法律允许对通奸的后果进行私力救济，或娶或嫁，司法官往往愿意成人之美而不是强行拆散。如在《绝妙判牍》中，陆陇其曾断过解元娶妻一案，较具代表性。案情大略：庄生幼时，在私塾里读书，与邻女周小娟相好，塾师亦为之作伐，得女父允许。后来事过境迁，女父慕富豪而嫌庄生贫穷，准备将小娟另嫁他人。小娟使乳母告诉庄生，相约黄昏时在闺房相见，庄生如约前来，私定终身。不久，庄生高中解元，小娟也许配朱姓，因此涉讼。陆陇其做了花判："竹马青梅，早缔儿

---

1. 明朝之前，法律上不允许未婚通奸的双方结婚，此条规定以《唐律·户婚》最具代表性。但目前还没有找到完全适用《唐律》410条之规定的未婚通奸的唐代案例。

时之密约;氏小跌石径,莫谓两小之无猜。……金榜有名,便谐百年之好合。……在乃父之背盟,实有贰议之机,愧对爱女;在庄生之相诱,事属守一之义,不失人情。女白璧已玷,自难再归他姓。……为断奇情一案,宜酬喜酒三杯,此判。"[1]从判词的核心意思不难看出,陆陇其是要成就这段婚姻,因庄、周二人青梅竹马,彼此相爱。反而是女父嫌贫爱富,有愧于二人忠贞不渝的爱情。现如今,男方已金榜题名,女方已私许终身,另嫁他人也不再合适。所以,成全庄、周二人之美才是最圆满的解决办法。

而且,在中国传统社会,古代婚姻关系的成立,父母之命是基本前提,未经家长同意而行夫妻之事,不为礼法所容。另外,婚姻的缔结还须经过媒氏的中介,所谓"男女无媒不交",《诗经·卫风·氓》中亦有"匪我愆期,子无良媒"的诗句。《聊斋志异·胭脂》中主人公胭脂对(假)鄂生也说:"若言私合,不敢从命。"可见,礼教确有防患于未然的功效。

在立法上,对通奸行为从有罪到无罪的认定,是中西法律发展中的首要共性。通观通奸罪的历史沿革,不难看出,在人类社会发展的奴隶制和封建制时期,法律对男女通奸行为均采取了严酷的制裁方法,对男女在法律地位上的不平等也采用公

1.〔清〕曾国藩、李鸿章等:《绝妙判牍》,海南出版社,1993,第15—16页。

开规定的方式，偏重维护夫权。在司法上，法官严厉惩治的是婚内通奸的犯罪情形；但像本章所探讨的未婚通奸的案件，法官并不一定严格依法裁断，而是根据案情具体问题具体分析。像《量罪记》中那种"成人之美"的救济途径，中国古代也有使用，且这种过错补救机制也为社会所认可。当然，一旦案件中出现其他加重情节，那么法官也会对未婚通奸的行为人究责。

总之，西方对通奸罪的严惩源于宗教的古老禁忌，中国也从原始宗教信仰中，体悟到需要对男女性行为有所禁忌。这些禁忌最终在刑事立法中得以实现。通奸罪的量刑，西方要比中国古代法典中规定的更严重。西方的通奸罪处刑最重可致死刑，而在中国古代法典中，只有在强奸行为中有加重情节时才可能处以死刑，普通的通奸行为本身则罪不至死。

下 篇

《西游记》中探法史

《西游记》作为中国四大名著之一,其文学地位毋庸置疑。而80后、90后的童年记忆又怎能缺少电视剧版《西游记》的陪伴呢?在新冠疫情期间,我们高校没能正常开学,研究生的课程也都是在网络上进行的,为了跟我的学生更好地沟通,努力寻找共同话题,拓展专业课程的研究对象,我将《西游记》作为共同的兴趣点展开教学活动。无独有偶,湖南大学的新锐教师蒋海松在中国大学慕课网上开设了"法说《西游记》"的课程,这也给了我们很大的信心,大大提升了学生的学习兴趣。蒋老师通过解读《西游记》中的法律故事和哲理启迪,让文学名著呈现出深层次的法律与治理智慧,这是对中国传统法律文化的一种很好的宣讲和传承。蒋老师的"法说《西游记》"是以人物为主线,分析了孙悟空、猪八戒、唐僧、玉皇大帝等主要人物的法律观念,同时也对大闹天宫、三打白骨精、比丘怜子等经典故事中的法律蕴意进行阐释,分析了《西游记》所影射的历史事实。"法说《西游记》"课程试图解答一些历史难题,如自由观念、女权意识、权力文化、道德专制,其目的是要对当代法治构建与人性的反思提供借鉴。我们的课堂则从微观视角出发,选择《西游记》中的细节和只言片语,在其中寻找中国古代法律制度的具体规定、司法案例的实际样貌、传统道德观念对法律的影响等话题,解构《西游记》中的法律背景,从法学角度重新审视《西游记》。

当然,除了深受蒋海松老师教学方式的启迪,在此之前,萨孟武先生的《〈西游记〉与中国古代政治》一书应该也算是触动本人寻找《西游记》中的法律元素的启蒙之书。"红学"作为现代人针对《红楼梦》的专门研究领域，可谓一枝独秀，持续火热，而同样作为四大名著之一的《西游记》，却一直被定位为魔幻小说，而少有人对其进行学术方面的研究和探讨。萨孟武先生的《〈西游记〉与中国古代政治》与一般意义上的文学研究著作不同，也不属于纯粹的古代政治学论著，更像是学术随笔。萨先生的写作方法也对我大有启发，他总是在小说的叙事缝隙中找到借题发挥的着力点，拨开小说的玄幻迷雾，体察小说想象背后的人情世故与社会现象。

我们的课程也赞同萨孟武先生的观点：一切幻想都离不开现实社会，都不可能凭空创造出来。所以，《西游记》好比是药引子，将群方的药效发挥到极致，而我们的工作就是要尽可能全面地发现这些存在于《西游记》作品中的"法律药方"。[1]

---

[1] 回忆起疫情期间的网上授课，无论是作为教师的我还是研究生同学，都克服了非常多的困难。学生们的自律性远超过老师的预期，他们课上积极探讨问题的样子、课下继续追问的态度，时至今日仍历历在目。本篇的内容主要来自我们法律史专业课程的教学文稿。在这里对我们法学院2019级法律史专业的八名同学表示感谢，他们是（排名不分先后）：万文杰、邓菲、白国栋、杨亚琛、张欣然、池贝贝、马艳玲、郭珍珍。

"三媒六证""茶红酒礼"与猪八戒的强占婚

一、古代婚姻缔结礼仪

古时男女结为夫妇,称曰婚姻,"以婚礼亲成男女,使民无嫌,以为民纪,此婚礼之所以存在也"。[1]早在西周时期,对男女嫁娶已有严格的要求,除"父母之命,媒妁之言""同姓不婚"等实质要件外,还要遵循婚礼程序,即"六礼"。所谓"六礼"者,即纳采、问名、纳吉、纳征、请期、亲迎。

纳采是男方欲择某家女子为妻,便托媒人交通女方,试探女家心意,若女家同意,则可收下男方送来的采择之礼。对于纳采送什么作为礼物,可因人而异、因时而异。纳采有用雁的,为表明嫁娶之礼,表长幼有序,不相逾越;有送羊的,因"羊""祥"同韵,寓意吉祥美好,取其群而不党的品格。

---

1. 陈顾远:《中国法制史概要》,三民书局,1977,第298—299页。

问名是向女方家长问取女儿之名。从纳采的仪式记载看,纳采和问名是同时进行的,即来人送礼物的同时,取问女子之名。若早已知道女子之名的,可以细问女子的生辰时日,送人卜问。此时又是将"问名"与"纳吉"两个程序合二为一了。

纳吉是中国古人对婚姻大事极其重视的一种表现。纳吉就是以占卜而问天意,起初是男家索要女方的生辰八字,必备占卜,后来是男方先把生辰八字写在"庚帖"上,托媒妁送到女家,媒妁再将女方的"庚帖"带回男家,双方可各自请先生看生辰八字是否相匹配,若八字相和,婚事便可初步定下来,进入下一程序;若八字不合,则婚姻程序即可终止。

纳征的"征"有"成"的意思。纳吉之后,两家的婚事便初步确定下来,有些类似于今天我们说的订婚。纳征是中国古代婚姻六礼中最具特色的一个环节,也是中国婚姻习俗中最被看重的。纳征所用的聘礼因地域、时代,地位、贫富差距等的不同而异,但总的原则是聘礼无论多少,都要有吉祥的寓意,且都以偶数出现,取其出双入对之意。一般纳征之后,双方就会订立婚约,婚约一旦订立,男方便可择选良辰吉日迎娶新娘了。

请期俗称"择日",即男家请先生算出结婚的黄道吉日,并告知女方家里知晓,这种告知不是简单随便地通知,也要有一定的仪式。

亲迎即正式举行婚礼,在指定的日期,新郎亲往女家迎娶新娘。与现代白天举行婚礼不同，古时男方去女家迎亲时，多在日落黄昏之后，且穿黑衣。从唐代开始，迎亲才改为早晨，并改穿红色服饰。

以上是我们熟知的古代婚姻缔结过程中的礼仪程式。随着时间的推移，成熟于西周时期的传统婚礼的影子还在，但逐渐不做严格要求。时至今天，我们还是能看到古代婚礼传统的一些影响。如纳征（下聘礼）仍然为国人所重视；在某些地区、某些家庭仍然保留着看重生辰八字是否相合的传统；在某些大家公认的"良日"，会看到结婚队伍扎堆出现……但是，在这些熟悉的婚礼程式之外，还有一些传统婚礼上的细节并不为大众所知晓。

《西游记》第十九回讲的是"云栈洞悟空收八戒，浮屠山玄奘受心经"的故事。猪悟能不敌孙悟空，逃回云栈洞后，厉声叫骂道："你这个弼马温，着实备懒！与你有甚相干，你把我大门打破？……"行者笑道："这个呆子！我就打了大门，还有个辨处。像你强占人家女子，又没个三媒六证，又无些茶红酒礼，该问个真犯斩罪哩！"孙悟空指责猪八戒没有行婚礼程序，强抢民女，犯了死罪。古代的戏曲、杂剧或者小说中也经常会提到"三媒六证"和"茶红酒礼"，并以此作为婚礼的要件。那么，究竟什么是"三媒六证""茶红酒礼"呢？它们在婚礼中的重要程度又如何？八戒没有三媒六证和茶红酒礼，是否违背了传统婚制？

二、"三媒六证"的具体含义

"三媒"具体指男方聘请的媒人、女方聘请的媒人及给双方牵线搭桥的中间媒人。《说文解字》中说:"媒,谋也,谋合二姓者也;妁,酌也,斟酌二姓也。"[1]无论是"谋合二姓"还是"斟酌二姓",都是说媒人为两个不同姓氏的男女牵线搭桥,使其结成夫妻。《诗》云:"娶妻如之何,必告父母;娶妻如之何,非媒不得。"[2]《白虎通义》:"男不自专娶,女不自专嫁,必由父母、须媒妁何?远耻防淫佚也。"[3]媒人在古代婚姻里是非常重要的角色,民间对媒人的称呼有"红娘""月老"等,通过他们在婚姻双方之间的联络和交通,能够减少诈假、欺骗婚姻的发生。《唐律疏议》中有规定:"诸为婚而女家妄冒者,徒一年。男家妄冒,加一等。未成者,依本约;已成者,离之。"其疏议解释说:"为婚之法,必有行媒。"[4]可见,媒妁是婚姻合法存续的必要要件,能够维护社会正常的婚嫁秩序。

"六证"具体来说是指见证婚姻的六件物品:在天地桌上

1.〔汉〕许慎:《说文解字》第十二下,陶生魁点校,中华书局,2013,第404页。

2.聂石樵主编:《诗经新注》,齐鲁书社,2009,第185页。

3.〔汉〕班固撰,〔清〕陈立疏证:《白虎通疏证》卷十"论嫁娶不自专"条,中华书局,1994,第452页。

4.〔唐〕长孙无忌:《唐律疏议》卷第十三《户婚》"为婚妄冒"条,刘俊文点校,法律出版社1999年版,第277—278页。

摆放一个斗、一把尺、一杆秤、一把剪子、一面镜子、一个算盘。这六件物品都是有寓意的：

"斗"有"斗出斗入，日进万金"之意，原是量粮食的器具，在婚嫁礼仪中则用于彰显男方的谷满囤、粮满仓，女儿嫁过去之后也能过上丰衣足食、轻松无忧的富裕生活，体现出对幸福生活的美好向往。

"子孙尺"是用来丈量万顷良田的，自古被用来作为婚姻生活中衡量幸福的标准，用于陪嫁，主要是为了祝福新人今后生活、事业步步高升，百子千孙，幸福绵长。

"喜剪"即剪刀，自古有双双对对、恩恩爱爱、不离不弃之意，一年四季有布裁、有衣穿，用于婚礼陪嫁，主要是为了祝福新娘婚后生活幸福，二人共享荣华富贵。

"喜镜"代表圆满、完满，以及寓意新娘的姿容秀丽，是对新娘婚姻生活甜蜜美满的祝愿，纵使时光流逝，新娘依然能够永葆青春，花容月貌。

"算盘"自然跟财富有关系。算盘被当作象征富贵的吉祥物，为人们所推崇。在民间，算盘多是形容"算进不算出"的精明。古代小孩子挂在脖子上驱凶辟邪的百眼筛上也有算盘。算盘作为陪嫁物，意在提醒新娘要学会"精打细算"，祝福新人婚姻生活富足安宁。

"如意秤"是一种在秤杆上刻制十六星花，制成十六两的秤。古代占星有北斗七星、南斗六星、福禄寿三星共十六星，其中南斗六星具有生之力，北斗七星坐拥死之力。选用秤作为"六证"之一，也是为了取其"称心如意"的美好寓意。

三、为何选用"茶红酒礼"作为聘礼？

旧时订婚时送聘礼被叫作送茶红。聘礼多用茶，送聘礼就叫作下茶；而彩礼要簪花挂红，所以彩礼又称为花红。明人许次纾《茶疏》说："茶不移本，植必子生。古人结婚，必以茶为礼，取其不移植之意也。今人犹名其礼为下茶，亦曰吃茶。"宋代著名诗人陆游《老学庵笔记》里记载，男女未嫁娶时，相互踏歌，歌曰："小娘子，叶底花，无事出来吃盏茶。"元曲《生金阁》："我大茶小礼，三媒六证，亲自娶了个夫人。"根据戏曲的表达可知，成婚时的茶和酒与"三媒六证"同样重要。清代孔尚任《桃花扇·媚座》中也写："花花彩轿门前挤，不少欠分毫茶礼。"以及洪深《香稻米》第一幕："今年这个冬，要寻一个可以端茶礼、结婚姻的好日子，竟是这样难！"都表明茶礼在婚礼中不可或缺。《子虚记》中作者感慨婚聘仪式对婚姻而言的重要意义。"表妹虽然居作次，有谁敢说彼为偏？况他家，三茶六礼来行聘，人尽晓，孙府连姻蒋姓男。我这里,独有外甥来作证,聘婚姻不过一龙泉。"[1]

《清稗类钞》中记载柳条边外婚嫁的流程:

> 柳条边外人家之婚姻,择门第相当者,先求老人为媒,将允,则男之母径至女家,视其女,与之簪珥布帛。女家无他辞,男之父乃率其子至女之姻戚家叩头。姻戚家亦无他辞,乃率其子侄群至女家叩头,《金志》所谓男下女礼也。女家受而不辞,辞则犹未允也。既允之后,然后下茶,(江、浙有"茶礼"二字,盖始于本朝。)设酒筵,此男家事也。女家亦赔送耳。[2]

尤其是在江南一带生活的百姓,他们对茶有着一种天然的情感,认为"茶"是一种只在祭祀时才会使用的尊贵之物。借用这种"茶为尊贵正式"的概念,行"茶礼",则代表着人们对婚嫁之事的敬重之心。又因茶树移则不生、种树必下籽的特性,被赋予了坚贞不移和婚后多子的寓意,成为青年男女交往的纽带和婚俗礼仪中的必备之物,并形成了"三茶礼",即订婚时的下茶、结婚时的定茶及洞房中的合茶。下茶是指男方将

1.〔清〕汪藕裳:《子虚记》卷二十一"求故剑娇娥欺俊杰 托良媒俗子娶佳人",中华书局,2014,第966页。

2.〔清〕徐珂:《清稗类钞》第五册《婚姻类》"柳条边外婚嫁"条,中华书局,1984,第1992页。

茶叶作为聘礼送给女方，这种茶叶是男女双方之间确立婚姻关系的物证之一。定茶是指新婚夫妇在举行亲迎、拜堂、喜宴等过程中向父母和宾客敬茶的习俗。他们以此表达感谢之情，同时也表明两人的婚姻关系确立下来。合茶是指新婚夫妇进入洞房后，两人合饮一杯茶的习俗，以此表示两人要同甘共苦。

总之，婚姻双方所看重的并非"六证""茶红"这些实物的实际价值，用它们作为聘礼，更多是借助这些物品的美好寓意成就一段婚姻。

四、八戒的强占婚行为及应受的处罚

《西游记》第十八回高才口述高太公要寻人捉妖的原因："我那太公有个女儿，年方二十岁，更不曾配人，三年前被一个妖精占了。那妖整做了三年女婿，我太公不悦，说道，女儿招了妖精，不是长法……"看来，高家人并不认可这个女婿，强调翠兰不曾许配人家，而是被妖精强占。其实一开始高太公是看好这个养老女婿的，只是发现这个猪姓女婿会变嘴脸后，心理就起了变化。高家人悔婚了，一心想退了这门亲，猪八戒则一心想占有翠兰，所以时不时地飞沙走石，云来雾去，把翠兰囚禁在后宅里，不让其与家人见面。通过这些细节我们可以知道，翠兰和猪八戒并没有正式结婚，在猪八戒暴露了"妖"的本性后，高家想退婚，猪八戒才开始强占，这也才引出了高才寻找法师前去降妖的故事。孙悟空将云栈洞的门打得粉碎，八戒在洞里破口大骂，悟空在洞外笑说八戒强占人家女儿，没有三媒六证、茶红酒礼，该问个真犯斩罪。那么，对于悟空说的这句话，我们需要先搞清楚两个问题。一是什么是真犯斩罪；二是八戒没有行婚礼的正常程序，强占人家女儿为妻，按照古代法律规定到底该如何判决。弄明白这两个问题，才能进一步证明悟空当时说这句话的真正目的是什么。

1. 真犯与杂犯的区别

"杂犯"与"真犯"是中国古代律典和司法文书中经常提及的两个术语。追溯杂犯一词的由来，普遍认为其源于战国时期李悝的《法经》。《法经》共分为六篇：《盗法》《贼法》《囚法》《捕法》《杂法》和《具法》。按照当时的统治逻辑，"王者之政，莫急于盗贼"，王道政治，最紧迫的要务是惩治盗贼，即侵犯财产类的犯罪和侵犯人身安全类的犯罪，除此之外的其他犯罪和刑罚规定都囊括在《杂法》篇中。其后的历次法律制定，均以《法经》为蓝本，萧何的《九章律》中亦有《杂律》，内容为假借、不廉等内容。这样的律典体例又为魏晋所沿用。到了北周的《大律》中开始出现《杂犯律》，"杂犯"这个概念首次明确出现，《杂犯律》中主要规制法无明文规定的犯罪。隋《开皇律》又将《杂犯律》改为《杂律》，唐律相延之，58条杂律条文仍然作为各篇规定的犯罪之外的补充规定。到了元代，又将《杂律》改为《杂犯》，明清律由此相承。从李悝《法经》中设《杂法》篇开始，其立法功能始终没有改变，《唐律·杂律》"不应得为"条疏议中说："杂犯轻罪，触类弘多，金科玉条，包罗难尽。其有在律在令无有正条，若不轻重相明，无文可以比附。临时处断，量情为罪，庶补遗阙，故立此条。情轻者笞四十，事理重者杖八十。"由此可见，那些律、令虽无专条禁止，但据"理不可为"的行为是包罗万象的，难以概举，而设立杂律"不应得为"条的宗旨就是将那些违背封建价值观的行为统归入此条。沈之奇也说："律于重大犯罪，莫不详备，而细小事理，不能穷尽人情，各立一法，恐因律无正条而附会臆断，轻则纵奸，重则伤和，致有大过、不及，故补此不应得一律。"[1]由此可见，杂犯所犯之罪多为法律无明文规定、对社会危害性不是很大的犯罪，例如犯奸、非法交易、债务纠纷等。将"杂犯"与"轻罪"相并，说明该种犯罪多罪行轻微，罪重量刑亦不过杖八十，"十一月癸巳，虑囚，杂犯死罪以下递减一等，杖释之"（《宋史·真宗本纪》）。

"真犯"的概念，根据程树德先生的考据，是到了隋《开皇律》中才出现。[2]从字义解释看，"真犯"是指律有明文规定的罪行。从《唐律》开始，还将"真犯"称为"正犯"。无论

---

1. 〔清〕沈之奇：《大清律辑注》（下册）"不应为"条律上注，怀效锋、李俊点校，法律出版社，2000，第951页。
2. 程树德：《九朝律考》，中华书局，2003，第431页。

是真犯还是正犯，其法律规定的构成要件明确而清晰，罪状与犯罪情节符合律文者即为真犯，若情理与律文稍有出入，但犯罪性质在严惩之列，则比照律文规定惩处。所以，在古代律文中就出现了"准""以"的情况，如"准盗论""以枉法论"之类。如元代法律有此种规定："诸掏摸人身上钱物者，初犯、再犯、三犯，刺断徒流，并同窃盗法，仍以赦后为坐。诸以七十二局欺诱良家子弟、富商大贾，博塞钱物者，以窃盗论，计赃断配。诸夜发同舟橐中装，取其财者，与窃盗真犯同论。"（《元史·刑法志三》）雷梦麟在《读律琐言》中对"以枉法论""以盗论"解释说："是即以其罪坐之，其事虽异，其恶原不异也，故与真犯同刺字，绞斩皆得同断。"[1]又"大清律本注：以者，与真犯同。谓如监守贸易官物，无异真盗，故以枉法论，以盗论，并除名刺字，罪至斩绞，并全科。明律旧注：以字有二义。其曰以盗论，以监守自盗论，以枉法论，以常人盗仓库钱粮论，以谋叛论，恶其迹而深治之也"。王明德按曰："以者，非真犯也。非真犯，而情与真犯同，一如真犯之罪罪之，故曰以。"[2]所以，除了符合法律明确规定的归罪要件的犯罪被称为"真犯"，某些罪行虽律无正条，但因情节相近，也

---

1. 〔清〕雷梦麟：《读律琐言》卷一，怀效锋等点校，法律出版社，2000，第58页。
2. 〔清〕王明德：《读律佩觿》卷一，何勤华等点校，法律出版社，2001，第3—4页。

可比照真犯惩处。

2."杂犯死罪"与"真犯死罪"的执行区别

在唐律中"杂犯"并非专门的法律术语，但在律文中已经开始明确了"杂犯死罪"的范围，"其杂犯死罪，谓非上文十恶、故杀人、反逆缘坐、监守内奸、盗、略人、守财枉法中死罪者"[1]。"杂犯死罪"是指那些并非不可原宥的死罪，执行中往往减等处罚，死刑减至流徒之刑，并可赎免，不必真正处死。如金宣宗四年（1216），京畿地区久旱不雨，"敕有司阅狱，杂犯死罪以下皆释之"（《金史·宣宗本纪下》）。元代建国初，郭宝玉向皇帝建言，颁布条书五章，其中包括"刑狱惟重罪处死，其余杂犯量情笞决"（《元史·郭宝玉传》）的规定。《大清律例》卷三十七载："凡妇人犯罪，除犯奸及死罪收禁外，其余杂犯责付本夫收管。"[2]以上都说明了"杂犯"的轻罪特征。

与之相反，"真犯死罪"则是指那些罪行严重危害统治秩序、破坏封建伦常的罪犯，这些罪犯往往不可减免原宥，须依法处决。如《大明律》规定："凡犯十恶、杀人、盗系官财物，及强盗、窃盗、放火、发冢、受枉法不枉法赃、诈伪、犯奸、略人略卖、和诱人口、若奸党及

1.〔唐〕长孙无忌：《唐律疏议》卷第二《名例律》"除名"条，刘俊文点校，法律出版社1999年版，第55页。

2.《大清律例·刑律》卷三十七断狱门下"妇人犯罪"条，田汉、郑秦点校，法律出版社1999年版，第599页。

谗言左使杀人、故出入人罪、若知情故纵、听行藏匿引送、说事过钱之类，一应真犯，虽会赦并不原宥。"[1]《清史稿》中说："明弘治十年奏定真犯死罪决不待时者，凌迟十二条，斩三十七条，绞十二条；真犯死罪秋后处决者，斩一百条，绞八十六条。"(《刑法志二》)将死罪分为真犯和杂犯，在明一代奉为定例。《唐明律合编》中说："杂犯死罪，惟监守及常人盗犯者颇多，余俱绝不概见。监守盗尚可完赃减免，寻常窃盗尚加等治罪，常人如再犯窃盗仓库，岂得仅照此收赎耶，杂犯斩绞律共九条，附录于左：……"[2] 将死刑区分为真犯死罪和杂犯死罪，其区别在于允许赦、赎、减免的依据和需要，真犯死罪是不允许赦免的，而杂犯死罪因其危害程度要比真犯死罪轻，且多有宽宥之余地，所以在实际执行中通常可以减等为流刑，甚至可以赎免。沈之奇解释认为："十恶等一应真罪，皆出于有心故犯，其心可诛，其情可恶，虽会赦并不原宥。"[3] 这样，"杂犯死罪"实际上成为死刑和流刑之间的固定刑，实际的刑罚等级就演变为笞、杖、徒、流、杂犯死罪、真犯死罪六等，并且在执行上也发生了变化。

1.〔清〕沈家本：《历代刑法考》赦九"赦例三"，中华书局，1985，第745页。

2.〔清〕薛允升：《唐明律合编》，怀效锋、李鸣点校，法律出版社，1999，第51页。

3.〔清〕沈之奇：《大清律辑注》(上册)卷一"常赦所不原"条，怀效锋、李俊点校，法律出版社，2000，第45页。

日本学者加藤雄三曾指出："死、流、徒、杖、笞五刑并非立即执行，除真犯死罪或者情节严重的犯罪外，其他罪案的判词须依照常例，改为赎罪的体系。"[1]这种改换判词的结果，实际上使明代的刑罚体系变成了死、充军、做工、纳赎（杖、笞），与五刑相差甚大，尤其引人注目的是废除了流刑。

3. 八戒是真犯死罪吗？

猪八戒开始来到高老庄时变化成模样精致的汉子，放在婚姻关系中，这就属于诈冒之事，他事先不仅掩盖了自己的丑貌，还掩盖了妖的身份。此外，孙悟空说他没有三媒六证、茶红酒礼，意思是说两人的婚姻没有遵循正当程序，婚姻不合法，那么猪八戒对高翠兰的占有就属于非法行为。

唐明律中都有"违律为婚"条的规定，如《唐律》中规定："诸违律为婚，虽有媒聘，而恐吓娶者，加本罪一等；强娶者，又加一等。被强者，止依未成法。"[2]此条是惩治违律为婚前提下伴有恐吓娶、强娶之犯罪的，按照法律规定，虽有行媒但恐吓而娶的，照本罪加一等，本罪是杖一百，加一等为徒一年。而使用威力逼迫或暴力强娶的，再加重一等，应处徒刑

---

1. ［日］加藤雄三：《明代成化、弘治的律与例——依律照例发落考》，载杨一凡、寺田浩明主编《中国法制史考证》丙编第四卷《日本学者考证中国法制史重要成果选择·明清卷》，中国社会科学出版社，2003，第18页。

2.〔唐〕长孙无忌：《唐律疏议》卷第十四《户婚律》"违律为婚恐喝娶"条，刘俊文点校，法律出版社1999年版，第295页。

一年半。单说八戒强娶高翠兰，那么最高量刑为徒一年半；但是八戒强娶之后还将翠兰囚禁起来，其犯罪行为又发生了转化，不再单单是强娶之罪。在孙悟空与猪八戒的打斗中，"那个道：你破人亲事如杀父。这个道：你强奸幼女正该拿！"彼时高翠兰年方二十，已经不属于幼女了，这里当是夸张的说法，但说八戒风里来雾里去，在囚禁翠兰的房内行不轨之事应该不冤。按照"强占良家妇女"条的规定："凡豪势之人强夺良家妻女奸占为妻妾者，绞，妇女给亲。"[1]沈家本强调此事情凶势恶，法所必惩；《大明律·刑律》"威力制缚人"条还规定，"凡争论事理听经官陈告若以威力制缚人及于私家拷打监禁者，并杖八十"，两罪权其重。明律中真犯死罪包括了"强夺良家妇女奸占妻妾者"，所以，猪八戒强占高翠兰属于真犯死罪，当处死刑，只是按律应断绞，而不是孙悟空说的真犯斩罪。

可见，孙悟空对猪八戒的指责并非空穴来风，毫无根据。猪八戒的行为确实犯了死罪，只是绞、斩的差别。这也是孙悟空从心理上降服猪八戒的一种方式，也为八戒皈依佛祖取经赎罪铺了路。

1.〔清〕沈家本：《历代刑法考·寄簃文存卷五》，"强占良家妻女"，中华书局，1985，第2176页。

古代社会的招赘

一、《西游记》中出现的招赘桥段梳理

猪八戒初到高老庄，能够得到高太公的赏识，还有一个原因，就是高家想找一个养老女婿，撑门抵户，而八戒的自身条件非常符合高太公的要求。书中第十八回有说："有一个汉子，模样儿倒也精致，他说是福陵山上人家，姓猪，上无父母，下无兄弟，愿与人家做个女婿。我老拙见是这般一个无羁无绊的人，就招了他。"入赘，是我国一种不同于传统嫁娶婚的特殊婚姻形式，男子要成婚于女家并成为女方家庭的一员，这类男子被称为赘婿，俗称"倒插门"或"倒踏门"。《西游记》中除了猪八戒在高老庄招赘为婿，其他章回也多处出现了招赘的情节，现将其梳理于下（见表10）。

表10 《西游记》中的招赘情节

序号	章回	招赘对象	故事情节
1	第八回	猪八戒（即成）	怪物（猪八戒）道："山中有一洞，叫做云栈洞。洞里原有个卵二姐。他见我有些武艺，招我做了家长，又唤做**倒踏门**。不上一年，他（卵二姐）死了，将一洞的家当尽归我受用。"
2	第十八回	猪八戒（即成）	高太公说他不曾有子，只有三个女儿，"那两个从小儿配与本庄人家，止有小的个，要招个女婿，指望他与我同家过活，做个**养老女婿**，撑门抵户，做活当差"，正好遇到了猪八戒，孤身一人，就招他做了上门女婿。
3	第二十三回	猪八戒（未成）	黎山老母和观音菩萨等四圣变成美貌妇人和她的三个女儿，意图通过招赘考验唐僧师徒。孙悟空对猪八戒说："你要肯，便就教师父与那妇人做个亲家，你就做个**倒踏门**的女婿。他家这等有财有宝，一定倒陪妆奁，整治个会亲的筵席，我们也落些受用。你在此间还俗，却不是两全其美？"猪八戒经不住诱惑，意图再一次当上门女婿，却被四圣惩罚。
4	第五十四回	唐僧（未成）	驿丞道："……我王愿以一国之富，**招赘御弟爷爷为夫**，坐南面称孤，我王愿为帝后。传旨着太师做媒，下官主婚，故此特来求这亲事也。"

续表

序号	章回	招赘对象	故事情节
5	第六十回	牛魔王（已成）	土地对孙悟空说："大力王乃罗刹女丈夫。他这向撇了罗刹，现在积雷山摩云洞。有个万岁狐王，那狐王死了，遗下一个女儿，叫做玉面公主。那公主有百万家私，无人掌管；二年前，访着牛魔王神通广大，情愿倒陪家私，**招赘为夫**。"
6	第六十二回	九头虫（已成）	万圣公主花容月貌，有二十分人才，**招得一个驸马**，唤做九头驸马，神通广大。
7	第九十三回	唐僧（未成）	天竺国假公主撞天婚打着唐僧，要**招他为驸马**，三藏自然不愿，那国王道："这和尚甚不通理。朕以一国之富，招你做驸马，为何不在此享用，念念只要取经！再若推辞，教锦衣官校推出斩了！"

资料来源：《西游记》，中华书局，2019。

《西游记》故事中呈现出的招赘婿情节大体有如下特征：

第一，招赘之家有女无子，如高太公仅有三女，四圣变作寡妇和她的三个女儿。第二，女方家有家资产业，生活无忧，但又无力打理家产，如高太公家有良田，四圣家更是良田千顷、吃穿无忧，玉面公主也是家资百万。第三，国王或公主招赘驸马，如西凉女王、天竺国假公主、碧波潭万圣龙王。驸马是对古代帝王女婿的称谓，可谓最高级别的赘婚。第四，女方招赘还有一个实际需要，就是要求赘婿居住在女方家中，为妻家撑门抵户，经营生计。第五，招赘虽说是男嫁女娶，但也需要走正规的婚姻程序。《西游记》中还有许多妖欲与唐僧"婚配"，像杏仙、金鼻白毛老鼠精，但它们都只是为了求阳，与招赘并不是一回事。

从《西游记》的故事情节中，我们不难分辨，猪八戒是愿意当赘婿的，并且以他为主角的章节中，"倒插门"是少不了的情节。而唐僧一心皈依佛教，即便招为驸马都是不肯的。至于其他人，无论是当事人还是旁观者，对招赘一事的态度和立场都没有表现得特别决绝和抵触。那么在中国古代现实生活中，入赘是不是也像《西游记》中这样平常？古人对赘婿又持何种态度？其原因又是为何？

二、古人对赘婿的态度

从《说文解字》考查"赘"字的本义，为"以物质钱也"，与财富有关，是以实物作为抵押，换取钱财的行为。《汉书》如淳注则说："淮南俗，卖子与人作奴婢，名为赘子。三年不能赎，遂为奴婢。"[1] 这些记录都是讲"赘"的本质，即抵押物或买卖人换取钱财。赘与人相联系，除了赘子，便是赘婿了，指就婚于女家或改为女家姓的男子。对男家来说，出去当赘婿

---

1. 〔清〕梁章钜：《称谓录》卷六"养子"，中华书局，1996，第86页。

称为"出赘";对女家来说,招女婿称为"招赘",男子到女家当女婿称为"入赘"。

1. 赘婿社会地位的变化

五代以前赘婿备遭歧视。史书中很早就有赘婿的相关记载,但大多都是对赘婿的限制性和惩罚性规定。如在《睡虎地秦墓竹简》中的魏"户律"中规定:"叚门逆吕,赘婿后父,毋令为户,毋鼠田宇。三世之后,欲士士之,乃署其籍曰:'故某虑赘婿某叟之乃孙'。"[1]意思是说赘婿不能另立为户,不能授予田宅,而且赘婿还会影响后世子孙的仕途。可见,在魏国,赘婿的地位十分低贱。不仅如此,当时的赘婿还会被派去从军,吃最差的食物,领最危险艰巨的任务。秦代法律将此律沿袭下来,大概各国当时的社会风气亦如是。秦汉时,赘婿依然会被派去打仗,秦始皇"发诸尝逋亡人、赘婿、贾人取陆梁地"(《史记·秦始皇本纪》);汉武帝"发天下七科谪",张晏解释说:"吏有罪一,亡命二,赘婿三,贾人四,故有市籍五,父母有市籍六,大父母有市籍七,凡七科也。"(《汉书·武帝纪》)汉文帝时,"贵廉洁,贱贪污,贾人赘婿及吏坐赃者,皆禁锢不得为吏"(《汉书·贡禹传》),他认为赘婿和贪官污吏一样,都是不廉洁之人。唐朝、五代"贱赘婿"之风依旧如

---

[1] 朱红林:《张家山汉简〈二年律令〉集释》,社会科学文献出版社,2005,第213页。

故,唐律中没有关于赘婿的规定,但颜师古对赘婿仍然是带有很大偏见的:"谓之赘婿者,言其不当出在妻家,亦犹人身体之有疣赘,非应所有也。"(《汉书·贾谊传》)颜师古代表了一众人的态度,认为赘婿如同人身体上长出的疣瘤,本来就不是这世上该有的东西。但也有法官在审理涉及赘婿的财产案件中,会基于公正的基本立场。《旧唐书》中记载了一个有关赘婿财产的案例,女婿以母牛依其妻家者八九年,牛孳产至十余头,及将异居,妻家不与,县司不能决,于是求助武阳令张允济。张允济令左右缚牛主,用罩衫蒙其头,传讯到妻家村中,声称捉到一个盗牛贼,要召集全村养牛的人家集合,按问牛的来路。妻子家不知其中蹊跷,恐被连累,指其所诉牛曰:"此是女婿家牛也,非我所知。"允济于是掀开蒙头,跟妻家人说:"此即女婿,可以牛归之。"妻家即磕头服罪。(《旧唐书·张允济传》)张县令用捉盗牛贼的技巧让妻家承认此牛是女婿家的,以牛归之。可见,唐代赘婿虽然不被士大夫认可,但其合法权益还是有所保障的。

宋代开始对赘婿的继承权问题在法律中予以明确。仁宗天圣四年(1026),详"户绝条贯":

> 今后户绝之家,如无在室女、有出嫁女者,将资财庄宅物色除殡葬营斋外,三分与一分。如无出嫁女,即给与出嫁亲姑姊妹侄一分。余二分,若亡人在日,亲属及入舍

婿、义男、随母男等自来同居，营业佃莳，至户绝人身亡及三年已上者，二分店宅财物庄田，并给为主。如无出嫁姑姊妹侄，并全与同居之人。[1]

按此规定，在户绝之家，同居三年以上的赘婿可以得到三分之二的财产，若是无出嫁姑姊妹侄，则可以得到全部。但如果亡人立有遗嘱，则按遗嘱施行。此后又多次修改法条，但赘婿的继承份额无论多少都得到了法律上的认可。

南宋有关赘婿继承权的规定在《名公书判清明集》中有所体现："在法：诸赘婿以妻家财物营运，增置财产，至户绝日，给赘婿三分。"[2]即赘婿为妻家家业做出贡献、做活当差，使财产增加的，户绝后可以分得十分之三的财产。在一起赘婿财产继承案件中，法官的态度也倾向于维护赘婿的权益。另有案例：赘婿妻父已死，无子且不曾命继，婿又赘居年深。法官吴恕斋为防以后再起争讼，先为妻家立嗣，又稽之条令，皆合均分。[3]最终，赘婿和嗣子平分了财产。

1.〔清〕徐松辑：《宋会要辑稿》第一百六十一册《食货六一》，中华书局，1957，第5902页。

2.《名公书判清明集》卷之七《户婚门·立继有据不为户绝》，中华书局，1987，第216页。

3.《名公书判清明集》卷之七《户婚门·探阄立嗣》，中华书局，1987，第205—206页。

但按照宋代"户绝条贯"的规定来看，赘婿遗产继承是有条件的继承，必须是在户绝的情况下才可分得一部分财产。《名公书判清明集》一书中有几个案例是赘婿在未户绝的情况下妄图占有财产，法官判决其不能得财且归还。如在"立继有据不为户绝"一案中，吴琛有女儿四人，儿子一人。长女婿叫石高，次女婿叫胡闉，石高、胡闉皆为赘婿，三女据称已嫁许氏，幼女尚未出阁。儿子吴有龙本是异姓子，但立子之初就已经改从了吴姓，有书证证明。长女、次女和赘婿认为吴有龙是义子，于是发生争产之讼。法官根据法律最终认定，吴有龙非义子，吴家不为户绝，赘婿自然不能分得财产。[1]同样，在"宗族欺孤占产"一案中也存在类似的争讼：梁万三入赘季家，妻父、妻子季五、妻弟季六均已去世，唯有季六之妻阿曹携一儿独活。梁万三虽已不在妻家居住很久，但是为了霸占财产，伙同妻家族人排挤阿曹母子，欲私吞季家财产。最终法官判定季家尚有一子，不为户绝，要求梁万三将所占田业归还。[2]

可见，虽然宋代已经出现了关于赘婿继承财产的限制性条款，但是在实际生活中，赘婿争产之事依然频出。太宗时期，崇仪副使郭载言："臣前任使剑南，见川峡富人多招赘婿，与

1.《名公书判清明集》卷之七《户婚门·立继有据不为户绝》，中华书局，2002，第215—217页。

2.《名公书判清明集》卷之七《户婚门·宗族欺孤占产》，中华书局，2002，第236—237页。

所生子齿，富人死，即分其财，故贫人多舍亲而出赘，甚伤风化而益争讼，望禁之。"[1]于是皇帝下诏"禁川峡民父母在，出为赘婿"（《宋史·太宗本纪》）。可见，当时贫人家的男子都想入赘富人家，以待富人死后分其财产，这在川峡地区产生了非常不好的影响，朝廷认为有伤风化，遂禁止父母尚在世时男子出赘。

元代将赘婿按类型划分。贫困导致倒插门现象的频现，面对这样一种现实，虽深知不合传统礼仪，国家也不得不出台了相对宽松的政策。至元八年（1271）九月，礼部呈："目今作赘召婿之家往往甚多，盖是贫穷不能娶妇，故使作赘，虽非古礼，亦难革拨。此等之家，合令权依时俗而行。"[2]虽然招赘现象不合古礼，但想要革除也绝非易事，所以规定按照习俗即可。次年，国家进一步做出限制规定："民间富实可以娶妻之家，止有一子，不许作赘。若贫穷止有一子，立年限出舍者，听。"[3]即富家独子是不可以做赘婿的，贫穷之家的独子也只准许做年限赘婿。至此，元代已经完成了对赘婿的类型划分。

1.〔宋〕李焘：《续资治通鉴长编》第三册卷三十一《太宗·淳化元年》，中华书局，1995，第705页。

2.《大元通制条格》卷第三《户令·婚姻礼制》，郭成伟点校，法律出版社，2000，第38页。

3.《大元通制条格》卷第四《户令·嫁娶》，郭成伟点校，法律出版社，2000，第54页。

徐元瑞在《吏学指南》中指出赘婚有四种：一曰养老，谓终于妻家聚活者，即要一直在妻家劳动生活；二曰年限，谓与妇人归宗者，即双方约定一定的期限，在期限内居住在妻家，期满后携妇回归本宗；三曰出舍，谓与妻家析居者，即与女方家族分开居住；四曰归宗，谓年限已满或妻亡故，或是夫妻双方离婚而归宗。[1]《大元通制条格·户例》中"招召女婿"条只规定了"养老女婿"和"年限女婿"这两种形态。[2]

明清律对赘婿继承权进一步明确。随着历史车轮的推进，招赘和入赘在现实生活中变得普遍，国家想要绝对禁止赘婚也并不现实。所以，只能订立规则以防止因招赘而发生的纠纷。因招赘发生最多的纠纷仍旧是财产的继承问题，明代法律规定，招养老女婿的家庭要立同宗应继者一人，赘婿和嗣子均分家产，若未立继身死，从族长依例议立。[3]同时，对这一规则的适用，也可在明代的一些有关赘婿继承的案例中得以印证。如在明代的一则判语中有"吴天因乏嗣而赘婿，周地因乘（承）

1.〔元〕徐元瑞：《吏学指南》卷第五"亲姻"，杨一凡主编《历代珍稀司法文献》（第一册），社会科学文献出版社，2012，第239页。

2.《大元通制条格》卷第二《户令·户例》，郭成伟点校，法律出版社，2000，第12—13页。

3.《大明律》附录《大明令·户令》，怀效锋点校，法律出版社，1999，第241页；《大清律例》卷十《户律·婚姻》"男女婚姻"，田涛、郑秦点校，法律出版社，1999，第205页。

产而送终，亦人情也"¹的表述。该判语体现了法官对赘婿这一现象的认可，认为赘婿在妻家养老送终后继承财产是合乎人情的。再如，《折狱新语》中记载了这样一起财产纠纷：因林绍泰年暮无嗣，曾立之君化为嗣。同时，林绍泰亦有爱女，并对女婿张礼甚是喜爱，遂举八亩田契，赠与赘婿收执。谁知嗣子贪得无厌，抄张礼的家，并责怪女婿是外人，不应给他财产。该案法官主张，赘婿也是半个儿，嗣子也是半个儿，所以两人应该均分财产，判决嗣子将八亩田归还给赘婿。²从这两则案例中可以看出明朝在妻家侍奉岳父母的赘婿，确实可以分得一半的财产，且其继承权受到法律的保护。为了解决家族没有男性继承人时赘婿的继承权问题，《大明令》规定："凡户绝财产，果无同宗应继者，所生亲女承分。无女者，入官。"³根据该令的规定，在没有男性继承人的情况下，所生亲女才可以继承家庭财产。古代讲究夫妇一体，若是入赘婚姻，女方得到财产，习俗上往往被认为即是赘婿得到财产。

---

1. 杨一凡、徐立志主编：《历代判例判牍》第四册《重刻释音参审批驳四语活套》卷之三，中国社会科学出版社，2005，第57页。
2. 杨一凡、徐立志主编：《历代判例判牍》第四册《折狱新语》，中国社会科学出版社，2005，第575页。
3. 《大明律》附录《大明令·户令》，怀效锋点校，法律出版社，1999，第242页。

2. 招赘婚姻成立要件

周礼所规定的婚姻礼制一直被后世沿袭，包括"父母之命，媒妁之言"的实质要件，以及"六礼"的程序要件，后世婚礼多遵循此规定。《唐律疏议》中明确规定婚书、私约及聘财是婚礼成立的要件。[1]但有关招赘这种特殊婚姻形式的成立要件，直到元代法律中才有专门的规定。

（1）婚书。《大元通制条格》："户部契勘：'人伦之道，婚姻为大。据各处见行婚礼，事体不一，有立婚书文约者，亦有不立婚书止凭媒妁为婚者。已定之后，少有先违，为无婚书，故违元议，妄行增减财钱，或女婿养老出舍，争差年限，诉讼到官。其间媒证人等徇情偏向，止凭在口词因，以致争讼不绝，深为未便。'省部议得，今后但为婚姻，须立婚书，明白该写元议聘财，若招召女婿，指定养老或出舍年限，其主婚保亲媒妁人等，画字依理成亲，庶免争讼。"[2]可见元代因为赘婚而引起的争讼非常多，多是婚前没有订立婚书，双方意见不一致而引起的，于是规定，缔结婚姻一定要订立婚书，招赘要标明养老或出舍年限，主婚人、保亲人、媒人都要画押，避免再起争讼。《新编事文类要启劄青钱》中记载了元代的招赘婚书

---

1. 〔唐〕长孙无忌：《唐律疏议》，卷第十三《户婚律》"许嫁女辄悔"条，刘俊文点校，法律出版社，1999，第276页。
2. 《大元通制条格》卷第三《户令·婚姻礼制》，郭成伟点校，法律出版社，2000，第39页。

格式，包括女方家的招养老女婿书式和女婿的回聘书式，现全文抄录于下：

下财招养老女婿书式

具乡贯某处住人姓某，有亲生女名某姐，见年几岁，别无儿男。今凭某人为媒，某人保亲，备到财礼若干，招到某处某人第几男，名某，见年几岁，进舍为养老女婿。自成亲后，仰小心侍奉，赡养某夫妻年老，依理作活，应当本户一应差役，却不得妄有事故，擅自私搬女小，抛离出舍，不绍家业，别作非违。如有此色，保亲人自用知当无词。所愿夫妻保守，儿妇兴昌。今立合同为用者。

年　月　日

婚主姓　某押　启

合同婚书

保亲姓　某押

媒人姓　某押

女婿回聘书式

具乡贯某处姓某，今凭某人为媒，某人保亲，以某第几男名某、见年几岁，与某处某人第几女名某姐、见年几岁，结亲进舍，为长年养老女婿，受讫聘礼若干。自上门成亲之后，在家须管小心侍奉养赡外父外母年老，勤力作活，承当本户一应差役，更不敢不绍家业，擅自外出，别生事端，将带妻小抛离改居。如有此色，保亲人自用知当，仍甘经官惩治施行。所愿夫妻久远，儿女众多。今立合同婚书为用者。

            年　月　日

          婚主姓　某押 启

           女婿姓　某押

合同婚书

          保亲姓　某押

          媒人姓　某押[1]

  很明显，这是两份格式婚书，一份是女家招养老女婿的文书样式，一份是女婿回聘的文书样式。在这两份文书中都明确要求写明男女双方的姓名、年龄，媒人和保亲的姓名，聘礼有多少，等等。此外，婚书中最为重要的是规定了赘婚的义务和责任，即成亲之后，女婿一来要尽心伺候岳父母，二来要勤恳劳动，承当本户一应差役。如若不绍家业、擅离外出、抛离妻小或改居、为非作歹，除了保亲要承担连带责任，女家还可报官追究赘婿责任。在婚书最后，主婚人、媒人、保亲人，回聘文书还包括女婿都要签字画押，所以当这样一份格式合同的婚书生效后，赘婚与女家就形成了一种权利义务关系。同时，明

1.《新编事文类要启劄青钱》卷之七《婚礼门·比书新启》，明景泰刻本。

清法律上都支持这种招赘订立婚书的做法,《大明令》和《大清律例》中都规定:"招婿须凭媒妁,明立婚书,开写养老或出舍年限。"[1]

(2)聘财。元代法律对招赘的聘财有专门规定,有的是女方向男方出,有的则是男方向女方出。《通制条格》中记载:

> 至元八年七月,尚书省。户部呈:照得民间招召养老、出舍女婿,财钱为无定例,往往多余索要,耽误引讼。本部议得聘财等第,都省准拟于后:
>
> 一、招召养老女婿,照依已定嫁娶聘财等第减半,须要明立媒约[妁]婚书成亲。
>
> 二、招召出舍年限女婿,各从所议,明立媒妁婚书,或男或女,出备财钱,约量年限,照依已定嫁娶聘财等第,叁分中不过贰分。[2]

将《通制条格》中关于嫁娶聘财的规定与招养老女婿的格式婚书相结合考量,招赘婚的聘财应该是女家出资,养老女婿

1.《大明律》附录《大明令·户令》,怀效锋点校,法律出版社,1999,第241页;《大清律例》卷十《户律·婚姻》"男女婚姻",田涛、郑秦点校,法律出版社,1999,第205页。

2. 方龄贵校注:《通制条格校注》卷第四《户令·嫁娶》,中华书局,2001,第176页。

（或出舍女婿）按照婚姻合同规定履行相应的义务责任来抵偿聘资。对于聘财的具体数额，法律规定：养老女婿的聘财依照嫁娶婚的标准减半，出舍年限女婿的聘财则不得超过嫁娶婚的三分之二。

三、古人歧视赘婿的原因分析

自古，赘婿就处于社会底层，备受歧视。五代时赘婿甚至被和佣奴组合成军队，奔赴前线。宋初开始，赘婿的地位有所提升，但仍然是被歧视的对象。太宗时禁止川峡地区男子在父母尚在世时出为赘婿的法令，也只对其进行一些限制，而未赋予其任何权利。至仁宗时赘婿才有了一定的财产继承权，自此之后，赘婿的继承权进一步得到了巩固与完善，南宋出现的判例中，赘婿得到部分遗产的情况并不鲜见。元代有关赘婿的法律规定趋于完善，《通制条格》《元典章》中均有相关记载，不仅认可赘婿享有一定的继承权，还对招赘婚的形式要件做出了详细规定。明清赘婿继承权更加清晰，户绝家庭嗣子和赘婿均分，并且法律中都有"逐婿嫁女"条，对随意驱逐女婿的女方家庭进行处罚，以保障赘婿的权益。至此，国家层面上已没有了之前那种对赘婿的歧视，赘婿的合法权益也得到了更多的保护。

与主流婚姻相比，招赘婚中的赘婿经常受到歧视，究其原

因,大致有以下几点:

第一,不符合"礼"的规定。《礼记·昏义》载:"昏礼者,将合二姓之好,上以事宗庙,而下以继后世也,故君子重之。"缔结婚姻的主要目的有二:一是宗庙的祭祀,二是后世的延续。但赘婿居在妻家,作为女方家庭的一员,既不能承奉本家族的祭祀,也不能为本姓家族传宗接代,违背了延续香火的婚姻本义,所以被认为是不符合礼的行为。

第二,深受男权社会的影响。瞿同祖先生曾说:"中国的家族是父权家长制的,父祖是统治的首脑,一切权力都集中在他的手中……"[1]妇女则是男权社会的附属品,传统儒家也强调女子要遵循"三从四德",未嫁从父,既嫁从夫,夫死从子;讲妇德、妇言、妇容、妇功。"三从四德"既是中国古代为妇女设立的道德标准和行为准则,也是男性选择妻子的标准。但在赘婚家庭中,赘婿的地位很低,并不享有父权家长制的这种权力,更有改从妻姓者,甚至有的妻子还会联合父母来欺压赘婿,赘婿自然受到歧视。

第三,认为赘婿结婚的目的不纯,多贪图钱财。毕竟,招赘行为本身,男家与女家都存在各自的利益需求,招赘的往往是有女无子或心疼女儿不愿其受苦的富有人家,而男方往往都是因穷困娶妻困难之人,依靠出卖劳动力来平衡婚姻关系。赘

---

[1]. 瞿同祖:《中国法律与中国社会》,商务印书馆,2017,第6页。

婿因生活在女方家庭中，为女方尊家长养老送终而取得一定的财产继承权，因此赘婿往往被视为贪图钱财之人。如果女方尊家长另有养子、义子之类，还容易与赘婿发生争产的纠纷。这样一来，赘婿结婚的动机和目的就更易遭到质疑了。

对"孝"的古今认识

一、《西游记》中的"孝"故事

《西游记》第三十一回"猪八戒义激猴王 孙行者智降妖怪"讲的是孙悟空回归搭救唐僧,潜入波月洞智降黄袍怪的故事。孙悟空在洞口见到百花公主,笑道:"公主啊,为人生在天地之间,怎么便是得罪?"公主道:"我晓得。"行者道:"你女流家,晓得甚么?"公主道:"我自幼在宫,曾受父母教训。记得古书云,五刑之属三千,而罪莫大于不孝。"行者道:"你正是个不孝之人。盖父兮生我,母兮鞠我。哀哀父母,生我劬劳!故孝者,百行之原,万善之本,却怎么将身陪伴妖精,更不思念父母?非得不孝之罪,如何?"这是作者吴承恩借孙悟空之口讲出了对"孝行"的认识。孙悟空在跟百花公主的对话中引用了《诗经·小雅·蓼莪》中的两句诗,"哀哀父母,生我劬劳","父兮生我,母兮鞠我"。百花公主被黄袍怪掳走做妻，常年无法侍奉父母，孙悟空在此斥责公主不孝，"怎么将身陪伴妖精，更不思念父母？"《诗经》中的这首诗所抒发的正是不能终养父母的痛极之情。

与百花公主常年不能侍奉父母呈鲜明对比的是《西游记》第八十五回"心猿妒木母　魔主计吞禅"中的樵夫。唐僧被花豹精抓回洞府后，与一个樵夫捆绑在一起，当两人都以为自己将死时，唐僧与樵夫有一段对话："樵子闻言，眼中堕泪道：'长老，你死也只如此，我死又更伤情。我自幼失父，与母鳏居，更无家业，止靠着打柴为生。老母今年八十三岁，只我一人奉养。倘若身丧，谁与他埋尸送老？苦哉苦哉！痛杀我也！'"樵夫痛哭不是因为懦弱和怕死，他所痛心的是自己寡居的老母亲从此无人照料，无人养老送终。

这样看来，宝象国王虽衣食无忧，百花公主却没有尽到赡养父母的义务，这是不孝的；樵夫虽家贫无业，对老母亲却尽心奉养，这是孝的。那么，除了是否奉养父母可以作为孝与不孝的评判标准，古人还认为哪些行为属于孝行？这与当今国人的观点又是否一致呢？

二、儒道两派对"孝"的不同理解

中国的孝文化历史悠久，影响延续至今。对"孝"的记载，最早可追溯到上古时期。《尚书·虞书·尧典》里就提到了舜的孝行。"岳曰：瞽子，父顽，母嚚，像傲；克谐以孝，烝烝乂，不格奸。"这里是诸侯长对帝尧询问舜情况的答复。诸侯长认为舜的父亲心术不正，后母说话不诚，弟弟又傲慢，而舜却能同他们和谐相处，这都是因为他的孝心淳厚，那么他治理国务肯定也能做得好。

1. 儒家对孝的认识和解释

孝，一直是中国传统文化的核心之一，古人也是推崇备至。在儒家经典《孝经》中孔子阐述了孝的三个层次：

> 子曰："夫孝，德之本也，教之所由生也。复坐，吾语汝。身体发肤，受之父母，不敢毁伤，孝之始也。立身行道，扬名于后世，以显父母，孝之终也。夫孝，始于事亲，中于事君，终于立身。《大雅》云：'无念尔祖，聿修厥德。'"[1]

孔子认为，孝是德的根本，对人的教化也应由孝开始。孝有三个层次：首先始于"事亲"，即从侍奉父母开始；接下来是"事君"，即要像侍奉父母那样侍奉君主；最后一个层次是"立身"，即成就自己的事业。所以，孔子讲"孝"，其核心就是爱护父母给予的身体，要以德立身，实行大道，扬名后世，

---

1. 胡平生译注：《孝经译注》开宗明义章第一，中华书局，2009，第1页。

光宗耀祖,回归本善。

这样看来,孔子已然将孝上升为一种意识形态,成为统治秩序的一部分。在《孝经》中,孔子又专论了"孝治"思想:

> 子曰:"昔者明王之以孝治天下也,不敢遗小国之臣,而况于公、侯、伯、子、男乎?故得万国之欢心,以事其先王。治国者,不敢侮于鳏寡,而况于士民乎?故得百姓之欢心,以事其先君。治家者,不敢失于臣妾,而况于妻子乎?故得人之欢心,以事其亲。夫然,故生则亲安之,祭则鬼享之,是以天下和平,灾害不生,祸乱不作。故明王之以孝治天下也如此。《诗》云:'有觉德行,四国顺之。'"[1]

"孝治"即以孝道去治理天下,孔子在这一部分为我们讲述了礼制社会运用孝道治理天下的经验。孔子认为,从天子到诸侯再到卿和士大夫,如果都能平和待人,善事父母,那么天下就会太平,没有水旱这样的天灾,也没有反叛暴乱这样的人祸。孔子推演出灾害不生、祸乱不作、国泰民安、世界和谐、天下大治的逻辑起点在于自上而下地行孝,要以孝治天下。

---

[1] 胡平生译注:《孝经译注》孝治章第八,中华书局,2009,第16页。

2. 道家对孝的看法与儒家侧重点不同

老子在《道德经》里提出"绝仁弃义，民复孝慈"，他认为不刻意倡导仁慈，渲染忠义，人民自然可以恢复孝慈的天性。这里所指的抛弃仁义，并不是抛弃个人道德层面的仁与义，而是反对将"孝"上升到意识形态层面，认为这种宣传对国家治理有害无益。庄子也继承了老子的这一主张，并将其精炼为"至仁无亲"：

庄子曰："至仁无亲。"大宰曰："荡闻之，无亲则不爱，不爱则不孝。谓至仁不孝，可乎？"庄子曰："不然，夫至仁尚矣，孝固不足以言之。此非过孝之言也，不及孝之言也。夫南行者至于郢，北面而不见冥山，是何也？则去之远也。故曰：以敬孝易，以爱孝难；以爱孝易，而忘亲难；忘亲易，使亲忘我难；使亲忘我易，兼忘天下难；兼忘天下易，使天下兼忘我难。夫德遗尧、舜而不为也，利泽施于万世，天下莫知也，岂直大息而言仁孝乎哉！……"[1]

庄子认为孝不过是仁的一端，并不是仁的全部，最高境界

1.〔清〕王夫之：《庄子解》卷十四外篇《天运》，中华书局，2009，第197—198页。

的仁是"无亲"。但"至仁无亲"并不代表孝不重要。庄子认为,用恭敬的态度来行孝容易,以爱的本心来行孝困难,能一并虚静淡泊地对待天下人更难;从孝敬父母引申到与天下人的相处之道。所谓"至仁无亲",正是说道德修养高的人对待万物一视同仁,没有亲疏的差别。庄子的思想可以看作是对老子思想的深化。

三、古代关于孝的法律规定和适用范围

在古代,"不孝"是一种犯罪,而且是重罪,程树德先生在《九朝律考》中曾阐述过古代"不孝罪"的量刑。"按《孝经》五刑之属三千,而罪莫大于不孝。《公羊》文十六年何注,无尊上非圣人不孝者斩首枭之,刘逢禄《公羊释例》云:'秦法也。'"[1]可见在中国古代,统治者不仅对孝行有正面的宣讲和褒奖,还会严惩不孝行为,将孝贯穿于国家法律之中,成为一条主线,这也是中国古代法律的特点之一。

1. 缇萦上书救父,孝心感动文帝

如前所述,古代对孝文化的思想认识是多元的,同样在司法实践中,由"孝"引发的案件以及在法律适用上也存在争议。《汉书·刑法志》中记载了西汉时期缇萦上书救父的故事。

---

1. 程树德:《九朝律考》,中华书局,2003,第96页。

齐国太仓令淳于意犯了罪，本当处以肉刑，被逮捕拘押在长安诏狱。他的小女儿缇萦向文帝上书表示她的父亲做官一直廉洁公平，现在他犯了罪，按法律理应判处肉刑；但她作为女儿，又不忍父亲被处肉刑，所以甘愿没入官府做官婢，以折抵父亲该受的刑罚，并恳请文帝给父亲一个改过自新的机会。最终，文帝被缇萦的孝心感动，下诏书废除了肉刑。诚然，在缇萦上书前，文帝可能就已经有了废除肉刑的意图，缇萦的上书可能只是一个导火索，但她甘愿自身受罚，也不愿看到父亲受肉刑折磨的孝心，也一定触动了文帝。

缇萦救父的事迹不仅推动了西汉肉刑改革，也成为后世歌颂孝行的样板。东汉著名的史学家班固，作诗歌《咏史》一首褒奖缇萦的孝行，诗云：

> 三王德弥薄，惟后用肉刑。太仓令有罪，就递长安城。自恨身无子，困急独茕茕。小女痛父言，死者不可生。上书诣阙下，思古歌《鸡鸣》。忧心摧折裂，晨风扬激声。圣汉孝文帝，恻然感至情。百男何愤愤，不如一缇萦。（《史记·扁鹊太仓公列传》）

在诗歌的最后一部分，不仅将缇萦的言行与男子作比，更以"百男"与"一女"作比，百男竟"不如"一女，表现出缇萦的不同凡俗。这是作者对缇萦孝行的高度称颂。

除此之外，宋朝有人也作词颂扬缇萦的孝道行为。如宋词《鹧鸪天》："象榻香篝冷宝猊。虺蛇吉梦寤惊时。缇萦生下虽无益，谢女他年或解围。花骨脉，雪肤肌。飞琼抱送下瑶池。弄璋错写何妨事，爱女从来甚爱儿。"清朝著名学者蔡东藩也有一诗歌颂淳于缇萦的行为："欲报亲恩入汉关，奉书诣阙拜天颜。世间不少男儿汉，可似缇萦救父还。"[1]

2. 引"孝"说理的"春秋决狱"案例

汉武帝时期，法律儒家化从司法领域开始，"春秋决狱"作为一种新的断狱方式被正式确立下来。"春秋决狱"，又称为"引经决狱"，要求司法官吏在审理案件的过程中，用儒家经典特别是《春秋》一书中的微言大义，作为分析案情、认定犯罪的根据，并按经义的精神施用法律。《春秋决狱》中记载的与"孝"有关案例的说理方式非常具有代表性：

> 甲父乙与丙争言相斗，丙以佩刀刺乙，甲即以杖击丙，误伤乙，甲当何论？或曰殴父也，当枭首。论曰：臣愚以父子至亲也，闻其斗，莫不有怵怅之心，扶杖而救之，非所以欲诟父也。《春秋》之义，许止父病，进药于其父而卒，君子原心，赦而不诛。甲非律所谓殴父，不

---

[1] 蔡东藩：《前汉演义·中》（中国历史通俗演义）第五十回，中央编译出版社，2010，第116页。

当坐。[1]

此案中乙与丙争吵，丙准备用佩刀刺乙，甲为了救父亲乙，就想用木棒击打丙，结果却误伤了自己的父亲乙。按照《汉律》规定，殴打父亲应被处以枭首刑。儒家思想代表人董仲舒却给出了相反的解释。董氏认为甲误伤父亲并不是他心中所愿，初衷只是想救父亲，这并不属于法律条文中规定的不孝行为。从犯罪动机上分析，甲也没有谋害父亲的主观故意，恰恰是因为他的孝心在起作用，所以他才会有拿木棒帮助乙殴击丙的行为，那么这样就不应当对他进行处罚。

3. 不孝罪成十恶之条，唐代复仇案件起争议

经过魏晋南北朝引礼入律，法律儒家化进程加快，《北齐律》中规定了"重罪十条"："一曰反逆，二曰大逆，三曰叛，四曰降，五曰恶逆，六曰不道，七曰不敬，八曰不孝，九曰不义，十曰内乱。其犯此十者，不在八议论赎之限。"（《隋书·刑法志》）北齐将这十条最严重的罪名集于律首《名例律》篇，以强调这十种罪犯是国家重点打击的对象，其中七为"不孝罪"。隋唐直至明清律所规定的十恶，基本保持了北齐"重罪十条"的基本样貌。到隋唐时期，中国传统法律的格局已基本定型，《唐律疏议》中对"不孝罪"的规定已十分详细：

---

1. 程树德：《九朝律考》，中华书局，2003，第164页。

> 七曰不孝。谓告言、诅詈祖父母父母，及祖父母父母在，别籍、异财，若供养有阙；居父母丧，身自嫁娶，若作乐，释服从吉；闻祖父母父母丧，匿不举哀；诈称祖父母父母死。[1]

疏议解释说，善事父母就是孝，如果违犯那就是不孝了。《唐律》认定不孝的行为包括控告、咒骂祖父母、父母；祖父母、父母在，另立门户、分割财产、不事供养；父母服丧期间谈婚论嫁、寻欢作乐、不穿孝服；知祖父母、父母丧，隐瞒不办丧事；谎称祖父母、父母丧。这些行为在性质上与恶逆罪一样，都是对尊亲属的不敬，只是程度不同罢了。

因不孝罪的入律，加之古代主流儒家文化对孝行的教谕和宣扬，为父母报仇雪冤类被视为一种大义，在某些朝代个别皇帝还会在复仇案件中大做文章，使之成为道德宣化的一面旗帜。唐代孝子徐元庆为父报仇一案在当时曾引起轰动，甚至引发朝臣就案件法理与道德之间孰重孰轻的大辩论。案情并不复杂：

> 武后时，下邽人徐元庆父爽为县尉赵师韫所杀，元庆

---

1. 〔唐〕长孙无忌：《唐律疏议》，卷第一《名例律》"十恶"条，刘俊文点校，法律出版社，1999，第12页。

变姓名为驿家保。久之,师韫以御史舍亭下,元庆手杀之,自囚诣官。(《新唐书·张琇传》)

徐元庆的父亲徐爽被县尉赵师韫杀害,徐元庆闻知后一心报仇,他更名改姓,在驿站做驿夫,伺机接近并找机会亲手杀掉了赵师韫。案发后徐元庆投案自首,自缚报官请罪。

该案件轰动朝野,武则天念其孝心,欲赦免徐元庆的死罪。左拾遗陈子昂则加入了法律与孝义之间的价值选择,提出了对此案处理的不同看法:

元庆报父仇,束身归罪,虽古烈士何以加?然杀人者死,画一之制也,法不可二,元庆宜伏辜。《传》曰:"父仇不同天。"劝人之教也。教之不苟,元庆宜赦。……今报父之仇,非乱也;行子之道,仁也。……今义元庆之节,则废刑也。迹元庆所以能义动天下,以其忘生而趋其德也。若释罪以利其生,是夺其德,亏其义,非所谓杀身成仁、全死忘生之节。臣谓宜正国之典,置之以刑,然后旌闾墓可也。(同上)

陈子昂说得清楚,法乃"画一之制也,法不可二",意思就是今天我们所强调的"法律面前人人平等"。徐元庆蓄意谋杀,案件事实清楚,按照律法本应判处死刑。但此案的特殊之处在于徐元庆是为父报仇,并非普通意义上的谋杀,这是行大义、尽子孝的表现。然而法律是不可逾越的,故而建议对其行刑后,再表彰其行为。当时的朝臣觉得陈子昂的建议很恰当,兼顾义理与法律,于是对徐元庆执行死刑,而后对其孝义进行了宣表。

几十年后,礼部员外郎柳宗元对此案的判决提出质疑,批驳道:

> 若师韫独以私怨,奋吏气,虐非辜,州牧不知罪,刑官不知问,上下蒙冒,吁号不闻。而元庆能处心积虑以冲仇人之胸,介然自克,即死无憾,是守礼而行义也。执事者宜有惭色,将谢之不暇,而又何诛焉?
>
> 其或父不免于罪,师韫之诛,不愆于法,是非死于吏也,是死于法也。法其可仇乎?仇天子之法,而戕奉法之吏,是悖骜而凌上也。执而诛之,所以正邦典,而又何旌焉?(同上)

柳宗元认为对于徐元庆这种案件,必须具体问题具体分析,如果是因为赵师韫虐杀无辜,地方官又不追究其罪责,反而官官相护,徐元庆无法通过法律途径获得正义,转而处心积虑报仇杀人,便是遵守礼法、行孝义的行为,就不应该被处以死刑。但如果是因为徐元庆的父亲本身犯罪,赵师韫杀之,并不违背律法，徐元庆为父报仇的行为就不值得褒扬。

总之，虽然陈、柳二人对此案件的看法有分歧，但都很赞赏父亲受冤时儿子为父报仇的孝义行为。

4. 由宋元明清孝行案例可见统治者对"孝治"的推崇

宋太祖即强调关注民生，尊重老人。《宋史·太祖本纪》记载：

> 庚子，前卢氏县尉鄢陵许永年七十有五，自言父琼年九十九，两兄皆八十余，乞一官以便养。因召琼厚赐之，授永鄢陵令。（《宋史·太祖本纪》）

卢氏县的前任县尉许永年已经七十五岁高龄了，他称自己的父亲有九十九岁，还有两个兄弟都已八十岁，想向太宗要一个官位以便给一家人养老。太祖感念他的孝心，就此下诏给了许永年父亲重赏，并授予许永年官位。可以看出宋朝在太祖时期就已经十分重视老年人的养老境遇，并对这种孝子家庭给予厚赏。

《名公书判清明集》中也记载了许多对不孝案例的裁决，也是对世人的一种教育。比如卷十《人伦门》"钟子未尽孝当教化之"一案：

> 子盗父牛，罪当笞。至于不孝一节，本州当有以教化

之,岂可便行编管。送州佥厅,且将彭明乙枷项日程,仍令日设拜其父,候父慈子孝,即与疏放。[1]

此案中儿子偷窃了父亲的牛,本来应当予以惩戒。但法官蔡久轩认为应当以教化为主,不需要进行编管移送了,便让儿子跪拜父亲认错,之后就把儿子放了。

又如同卷"母讼子不供养"一案:

> 嫠妇阿蒋,茕然孑立,所恃以为命者,其子钟千乙而已。其子狼狈如许,既不能营求勺合,以赡其母,阿蒋贫不聊生,至鬻其榻,以苟朝夕,剥床及肤,困穷极矣!钟千乙又将其钱妄用,久而不归,致割其爱,声诉于官,此岂其情之得已哉!钟千乙合行断治,今观其母羸病之余,喘息不保,或有缓急,谁为之倚,未欲真之于法,且责戒励,放。自此以后,仰革心悔过,以养其母。本州仍支五斗,责付阿蒋,且充日下接济之须。[2]

此案中寡妇阿蒋的儿子钟千乙非但不赡养母亲,还花母亲的钱,致阿蒋穷困至极。按《宋刑统》规定,钟千乙属"供养有

---

[1].《名公书判清明集》卷之十"人伦门",中华书局,1987,第359页。
[2].《名公书判清明集》卷之十"人伦门",中华书局,1987,第364页。

阙"，应被判处牢狱之刑。审理该案的胡石壁法官认为如果钟千乙被判刑，年老的母亲就无所依靠，于是严厉训诫了钟千乙之后就宽免了他，并鼓励他洗心革面，善事其母。胡石壁最后还支援给钟千乙五斗米，作为其母日后接济之需。可见，古代法官为了使"孝"能落到实处，努力使判决合乎情理，避免人伦悲剧的发生。

上文引述的《名公书判清明集》中的两个不孝案例，其特殊之处即在于司法判官都没有严格依律判决，而是通过道德教化的方式给予不孝子改过自新的机会，期冀孝行得以实现。可以看出，宋人对不孝罪的处罚更顾及情理，更为务实。

明太祖施行"重其所重，轻其所轻"的治国策略，对于不直接威胁封建统治的"典礼及风俗教化"之事减轻处罚。如《唐律》对"凡属父母在，子孙别籍异财者"，列为不孝，判徒刑三年，而《明律》改为杖八十。法律虽对"风俗教化"类的行为减轻处罚，但仍然延续了对孝行事迹大肆褒奖的做法。《明史·孝友传》中孝子周琬的事迹轰动一时，甚至后人竞相模仿：

> 周琬，江宁人。洪武时，父为滁州牧，坐罪论死。琬年十六，叩阍请代。帝疑受人教，命斩之，琬颜色不变。帝异之，命宥父死，谪戍边。琬复请曰："戍与斩，均死尔。父死，子安用生为，顾就死以赎父戍。"帝复怒，命

缚赴市曹，琬色甚喜。帝察其诚，即赦之，亲题御屏曰"孝子周琬"。寻授兵科给事中。(《明史·周琬传》)

此案中周琬替父求情，皇帝却起了疑心，怀疑他背后有人指使，几次试探他。最终周琬真诚的孝心感动了皇帝，皇帝赦免了他父子二人的罪责，并授予周琬兵科给事中的职位，甚至亲自为孝子周琬题写御屏进行褒奖。

5. 愚孝并不值得推崇

《孔子家语·六本》中记载曾子耘瓜一事：

曾子耘瓜，误斩其根，曾皙怒，建大杖以击其背，曾子仆地而不知人久之。有顷，乃苏，欣然而起，进于曾皙曰："向也参得罪于大人，大人用力教参，得无疾乎？"退而就房，援琴而歌，欲令曾皙而闻之，知其体康也。

……

子曰："今参事父，委身以待暴怒，殪而不避，既身死而陷父于不义，其不孝孰大焉？汝非天子之民也，杀天子之民，其罪奚若？"

曾参闻之曰："参罪大矣！"遂造孔子而谢过。[1]

---

[1]《中华经典藏书·孔子家语》卷四，六本第十五，王国轩、王秀梅译注，中华书局，2016，第147—148页。

曾参与父亲在瓜地劳作，却不小心斩断了瓜苗的根，父亲生气就打了他。曾参却不躲避，直接被打晕了，倒在瓜田良久。孔子对曾参的这种愚孝行为大肆批判，他认为曾参侍奉父亲，却不爱惜自己的身体，甚至舍弃生命去承受父亲的暴怒，如果真的死了，会陷父亲于更大的不义。

《清稗类钞·孝友类》"施誉从父命执礼"同样是一愚孝事：

> 宣城施誉为愚山尊人，家法严重。始婚夕，客强以酒，谢弗胜，父以为忤客，目慑之，即跪谢，父遣去，则退而跪于寝门。漏三下，父入见之，引其手曰："孺子执礼过矣。"[1]

施誉家法素来严厉，结婚那天因为父亲误会他冲撞客人，他竟一直长跪不起，父亲认为他遵守礼法太过了。

从以上这两个事例可见古人对这种过于尊礼的迂腐之人并不欣赏。古人反对愚孝，如果父母做得过格，而子女还是顺着父母的意思，反而是大的不孝。

1.〔清〕徐珂：《清稗类钞》第五册《孝友类》"施誉从父命执礼"条，中华书局，1984，第2427页。

四、古代孝行的当代变化与启示

"百善孝为先"是中国古代宣扬的主流思想，不孝行为不仅会受到道德上的谴责，还会入罪，成为十恶之一。我们今天仍然将孝作为传统美德加以继承，但不孝行为更多的是受到道德上的谴责。我国现代法律依然十分重视孝行。《中华人民共和国宪法》第四十九条第三款规定："父母有抚养教育未成年子女的义务，成年子女有赡养扶助父母的义务。"可见，我国将赡养父母作为公民的基本义务写入了根本大法中。《中华人民共和国老年人权益保障法》作为专门法来保障老年人的合法权益，弘扬中华民族敬老、养老、助老的美德。与传统法律不同，现代《老年人权益保障法》新增了子女的"精神赡养义务"。该法规定："家庭成员应当关心老年人的精神需求，不得忽视、冷落老年人。与老年人分开居住的家庭成员，应当经常看望或者问候老年人。"用人单位还应当给予赡养人探亲休假的权利。但与古代有所不同的是，我国法律对不孝行为的惩罚力度大为降低，在不构成犯罪的前提下，行为人更多的时候仅受到道德上的谴责，这就愈发导致了长期不尽赡养义务的事件的增多。有些老年人被迫拿起法律的武器来捍卫自己获得赡养的权利，但将家庭亲情诉诸法律途径解决纠纷的方法，在实践中似乎又很难执行。

2001年底至2002年初，广州一杨姓老人将儿子诉至法院，要求儿子给予精神慰藉,并要求儿子每年分11个星期给他打扫卫生、煮饭、洗衣服,同时要求每月打电话或当面与他谈心。但该诉讼请求先后被一审、二审法院驳回。法官认为,打扫卫生、煮饭、洗衣服、打电话或当面谈心等问题属于伦理道德调整的范畴,法律不便介入,即使法院作出判决,也很难执行,儿子如果被迫与父亲谈心,也就不成其为谈心了。

2007年10月25日,《河南商报》报道郑州一对夫妇争取精神赡养权利的一则案例。郑州一对老夫妇,因为小女儿自2002年起出于对一些琐事的不满就对他们"不管不问,从来不回家探望",一怒之下将小女儿告上了法庭。最终,法庭做出了一审判决,要求小女儿不仅要每月向老人支付200元钱的赡养费,而且必须每半月回家探望一次。

实际上,上述父母起诉子女"常回家看看"的案例仅仅呈现了现代社会中家庭赡养纠纷的冰山一角。据2006年《法制日报》发表的调查,北京市2005年6000件民事纠纷中涉及老年人生活的就将近600件,其中大多都属于"精神赡养"纠纷。这些纠纷往往折射出涉诉老年人的无奈:一方面,迫不得已采取诉讼的方式要求子女履行赡养义务,追求精神幸福;另一方面,法院判决的结果各异,并不能真正体现对老年人权益的切实保障。[1]

在古代，子女的不孝行为是刑法的严惩对象，现在《中华人民共和国刑法》第260条之一款同样规定了虐待被监护人、看护人罪：对未成年人、老年人等负有监护、看护职责的人虐待被监护、看护的人，情节恶劣的，处三年以下有期徒刑或者拘役。第261条对遗弃罪做出了惩罚规定：对于年老、年幼、患病或者其他没有独立生活能力的人，负有扶养义务而拒绝扶养，情节恶劣的，处五年以下有期徒刑、拘役或者管制。

2018年12月《齐鲁晚报》报道了临沂市平邑县人民法院审理的一起关于老母亲孤死家中的案件，杨某军、杨某海弟兄俩因犯遗弃罪被依法判刑。平邑县人民法院审理认为，被告人杨某军、杨某海对无经济来源且患病的母亲负有赡养义务而拒绝赡养，导致其未能及时就医而去世，情节恶劣，二人的行为构成遗弃罪，应依法追究刑事责任。法庭上，被告人杨某军、杨某海如实供述了自己的犯罪事实，对遗弃母亲的行为非常后悔，有坦白情节且自愿认罪的表现。法院依法对杨某军、杨某海从轻处罚，遂判决被告人杨某军犯遗弃罪，判处有期徒刑一年；被告人杨某海犯遗弃罪，判处有期徒刑一年，缓刑二年。

---

1. 以上三个案例均来源于郑毅《常回家看看正式入法——基本权利的体系化保障及软法性实践》网发文，后收入胡锦光主编《2013中国宪法十大事例评析》（法律出版社，2015）时有删减。

当今我们所提倡的"孝"是建立在平等人格前提下子女对父母的道德义务，这是对传统的超越。正如哲学家马尔库塞指出的那样，发达工业社会成功地压制了人们心中的否定性、批判性、超越性的向度，使这个社会成为单向度的社会，而生活在其中的人就成了单向度的人。所谓"单向度的人"就是只知道物质享受而丧失了精神追求的人。孝是中华民族的传统美德，孝需要能力和勇气，而不能只靠空洞的宣传和煽动情绪来实现。如果社会没有爱人的环境，不只是父母，我们自身也会在社会中因各种情形受人冷落和欺辱，在这样的环境中没有真正的爱，更不会有真正的孝。所以当代中国要努力去创造爱人的环境，才能让孝这一中华传统美德真正地得到传承。

从唐僧母亲复仇看复仇者的结局

一、《西游记》中的复仇悲剧

上文讲过的徐元庆为父报仇,自缚投官的故事在中国古代并非个例。"杀父之仇,不共戴天"是对中国古代复仇文化的真实写照。大多数的复仇案件都是子(女)报父仇(家仇),但也不乏妻报夫仇的情况。

在《西游记》第八回的附录中夹叙着"陈光蕊赴任逢灾 江流僧复仇报本"的故事,这个故事本来是为江流如何成为和尚做一前情介绍,但是单纯从这个复仇案件本身而言,与其说是江流为父报仇,不如说是江流的母亲在等待机会为夫报仇。唐僧的父亲叫陈光蕊,是个状元,在踏马游街时,被丞相殷开山之女殷温娇的绣球打中,两人于是喜结连理。随后唐太宗授予陈光蕊江州牧一职,在前往江州赴任的途中遇到刘洪、李彪两个匪徒;此二人将陈光蕊杀死,刘洪夺其官印,霸占了殷温娇，冒充江州牧在任十八年。殷温娇因与陈光蕊有了骨肉，无奈之下从了刘洪，后生下一子，咬下左脚小趾，以为记验，将其放入木板上，随江漂流，幸得法明和尚救助，才保全其性命，取名江流。终一日江流得知实情后便暗访其母，母子十八年后团聚。殷温娇让江流寻其外公，上奏唐王，统领人马，擒杀此贼，与父报仇，而殷温娇也以从容自尽的方式结束了自己的生命。殷温娇的悲剧在于复仇目的已实现，却因"未能从一而终"，愧对丈夫而选择自尽，"弱女子即使不能在阳世亲手复仇，甚至担心不能保证名节而选择了这一条绝路，死亡尤其是自杀这种特殊的抗议方式，竟然赋予她们这些强死（横死）的不屈英灵以曲线复仇的力量"[1]。

对古代复仇案件的考察可以是多视角的，无论是从复仇原理的切入，还是梳理审判争议的解决，都是目前对复仇案件研究的主流。但是，复仇者往往都有一个既定的结局，就是在复仇施行前就已经抱有自我牺牲的心理准备，不求苟活、主动投官、毅然赴死成为大多数复仇者的结局，那么对这种复仇心理的考察就变得非常必要了。霍存福教授在研究中国古代复仇文化时，选取了古代85件复仇案中的女性复仇案，有"汉缑玉、赵娥、吕母，东吴徐氏，晋王广女，北魏孙男玉，隋王舜姐

---

1. 刘卫英：《万般无奈下的有效抗争——古代女性以自杀行复仇的文化意义》，《中国文化研究》2000年第4期，第76页。

妹、唐卫无忌、贾孝女、谢小娥,共十例"。[1]复仇的原因也是多种多样的,但不出为父、为夫、为子这三种情形。为了使讨论主题更为突出,我们只选取跟《西游记》复仇话题相吻合的妻为夫报仇这一类型的复仇案件作为本节讨论的重点。

二、正史与小说中妻报夫仇的类型与结局

1. 委做仇人妇择机复仇

像殷温娇那样委身嫁给仇人,等待复仇机会的故事,在正史和笔记小说中也有记载。《太平广记》中记录了这样一个案例:

> 南中有大帅,世袭爵位,然颇恣横。有善歌者,与其夫自北而至,颇有容色,帅闻而召之。每入,辄与其夫偕至,更唱迭和,曲有余态。帅欲私之,妇拒而不许。帅密遣人害其夫而置妇于别室,多其珠翠,以悦其意。逾年往诣之,妇亦欣然接待,情甚婉娈。及就榻,妇忽出白刃于袖中,擒帅而欲刺之。帅掣肘而逸,妇逐之。适有二奴居

---

[1] 霍存福:《对中国古代复仇案的诸分析》,韩延龙主编《法律史论集》第二卷,法律出版社,1999,第12页。

前,阖其扉,由是获免。旋遣人执之,已自断其颈矣。[1]

这个案件说的是有一歌女面容姣好,南中大帅欲强占此女,怎奈此女已为人妇,虽是歌女但极守妇道,大帅几次想强占都没有得逞。大帅于是遣人秘密杀害了歌女的丈夫,顺理成章地将此女纳入别室,经常送些珠宝玉翠来讨歌女的欢心。多年后,此妇终于假意肯接纳大帅。一日就寝时,此妇趁其不备,抽出藏于袖中的白刃向大帅刺去,怎奈被大帅击肘刀落,刺杀行动失败。当大帅遣人捉拿此妇时,此妇已自刎身亡。《太平广记》把这则为夫复仇、最终自杀的节烈妇的故事唤作《歌者妇》。歌者妇的悲惨在于为夫复仇未遂,自己也选择了自尽。当然,也有更为坚毅的女子,当发现凭借自己弱小的力量替夫报仇不能实现时,会寻求其他的途径和方式,无论自己吃多少苦头也不会轻易放弃自己的生命,直到仇人被杀。

再如《石点头》卷十二中记载"侯官县烈女歼仇"的故事:

> 大盗为了谋夺申屠娘子,诬陷其丈夫,使其丈夫下狱被处死,申屠娘子为报夫仇,佯装嫁给大盗,最后亲手杀

---

[1] 〔宋〕李昉等:《太平广记》卷第二百七十,中华书局,1961,第2125页。

了大盗全家,后选择了自尽,申屠娘子因此被封"侠烈夫人",立庙祭享。[1]

申屠娘子为夫报仇成功后,毅然选择了自尽,可谓妻为夫复仇的又一悲剧。

无论是殷温娇、歌者妇还是申屠娘子,都是"贞烈"女子,她们为了给丈夫报仇,无一例外地选择了用自己的身体博得仇者的欢心甚至是信任,但其内心却时刻不忘自己丈夫死去的惨状。在这种内心与行为极端背离的状态下,这些女性为夫复仇的愿望一旦实现,也就失去了继续活下去的理由,所以最终都会毅然选择自尽,追随丈夫而去,以证明她们的忠贞不渝。

2. 使用计谋手段伺机复仇

还有一些女性较殷温娇等更显智慧和谋略,同样作为"贞烈"女子,这些女性的复仇行为更显"烈"。东吴孙翊之妻徐氏为夫复仇,设计杀妫览:

> 孙翊为丹阳守,妫览时为都督督兵,戴员为郡丞,与左右亲近边洪等数患苦翊。会翊送客,洪从后斫杀翊,迸

---

[1] 〔明〕天然痴叟:《石点头》卷十二,明金阊叶敬池刊本,第421—453页。

走入山。翊妻徐氏,购募追捕得洪,杀之。览遂入居军府,悉取翊嫔妾及左右侍御,欲复取徐。徐恐见害,乃绐之曰:"乞须晦日,设祭除服乃可。"览听之。徐潜使人语翊旧将孙高、傅婴等,高、婴相与涕泣,共盟誓合谋。到晦日,徐氏设祭毕,乃除服,熏香沐浴,更于他室安施帏帐,言笑欢悦。大小凄怆,怪其如此。览密觇视,无复疑意。徐先呼高、婴与诸婢罗列户内,览入,徐出户拜览,即大呼,高、婴俱出,遂共杀览;余人就外杀员。徐乃还缞绖,奉览、员首以祭翊。举军震骇,以为神异。[1]

孙翊本为丹阳太守,但被妫览、戴员、边洪一伙残忍杀害。孙翊之妻徐氏所面对的杀夫仇人并非一人,但她沉着冷静,智勇双全,逐个击破。徐氏不仅招募佣兵追捕边洪,将其杀死,还潜入妫览府中,取妫、戴二人项上人头祭奠亡夫。孙权在得知此事后,特意"从椒丘还。至丹阳,悉族诛览、员余党,擢高、婴为牙门,其余赏赐有差"[2],可见徐氏替夫报仇的行为得到了官方的认可和鼓励。因此《烈妇刘氏歌》中写道:"妾身一死岂足惜,妾死夫冤竟谁白。但使缇萦书可陈,何愁妫览头

1.〔明〕李贽:《初潭集》,中华书局,2009,第54页。
2.〔宋〕司马光编著,〔元〕胡三省音注:《资治通鉴》卷第六十四,汉纪五十六,中华书局,1956,第2509页。

难得。"[1]颇彰显孙翊之妻徐氏之贞烈。

比徐氏更为有名的复仇者是唐代的谢小娥。

谢小娥嫁给段居贞为妻后，与丈夫和父亲同船经商，遇盗贼劫掠，丈夫和父亲丧命。一天，谢小娥梦见父亲对她说："杀害我的人是车中猴，门东草。"同样她的丈夫也给她托梦说："杀害我的人是禾中走，一日夫。"谢小娥便把这两句话写在纸上，到处拜求有学问的人解释。元和年间，李公佐被免去江西的官职，听人说起谢小娥求人解梦的事情，解出两人姓名是申兰、申春。得知仇人姓甚名谁之后，谢小娥很快查得申姓一伙乃是有名的亡命之徒，便女扮男装暗中寻找。一次偶然的机会，谢小娥见到申氏一伙偷来的东西里面赫然有丈夫段家和谢家的财物，这让她更加确定他们乃杀父、杀夫仇人无疑。之后，谢小娥趁着一次申春、申兰醉酒的机会，手刃了申兰，并将申春和余伙一起捕送官府。最终，申姓盗贼被判处死刑。刺史张锡在得知了谢小娥的事迹后大加赞赏，谢小娥回到老家豫章，人们争相求娶，她都没有答应。最终谢小娥削发为尼，皈依了佛门。[2]

笔者还查到了一则流传很广的妻为夫复仇的故事。

---

1. 钱仲联主编：《清诗纪事·嘉庆朝卷》，凤凰出版社，2004，第9212页。
2.〔清〕董诰：《全唐文》卷七百二十五《谢小娥传》，中华书局，1983，第7467页。

光绪十年（1884），吉林地区有个豪绅名叫翟彪，意欲霸占鲍福财家的财产，于是授意土匪将鲍杀害。鲍福财的妻子决定为夫报仇。起初，她求助于官府，但官府畏于翟彪的势力，拒绝受理此案。后鲍妻又诉于将军衙门、走京控，均无果。到此，原本寄希望于官府替夫伸冤的路径被堵死了，鲍妻于是想到了一个残忍的办法。她在村外的茅草屋中饲养了10条狼狗，避人耳目地秘密训练它们。等到一个翟彪出门的机会，指挥10条狼狗将翟彪咬得血肉模糊，惨不忍睹。一朝杀夫仇，三载雪耻恨。鲍氏为夫报仇后，仰天长骂，骂这个世道的不公，然后取出随身携带的匕首，自刎而死。[1]

与委身仇人妇的做法不同，徐氏、谢小娥、鲍妻等采取的是更为智慧且艰辛的复仇方式。当然，她们的结局也各不相同。孙翊之妻徐氏得到了国家的肯定和褒奖，成为贞洁烈妇的代表；谢小娥没有得到功名，最终遁入空门；鲍妻则更为决绝，引颈自刎。但鲍妻的自杀跟殷温娇等的自杀并不能相提并论，殷温娇等是出于对"贞"的守护，而鲍妻则是痛恨世道的不公，以死抗争。这三位复仇女性都有一个共同的特征，就是冷静理性。虽然至亲被害，但她们没有选择"赔了丈夫又折了自己"的方法，徐氏冷静布局，引君入瓮，从容杀死一干仇人；谢小娥由丈夫和父亲的托梦得知真凶，又通过赃物这一重

---

[1] 该故事根据东北地方历史档案修编。

要证据来确证凶手身份后，设计手刃了仇人，还连带惩罚了盗贼余党；鲍妻得知丈夫被豪绅杀害后，首先想到的是告官，这本身就是理性的表现，直至告官无门才铤而走险。正如弗朗西斯·培根在总结复仇教训时曾表示的："报复行为之较能得人同情者属于那种法律不能为其伸张的情形，但即使是如此，那报复者仍须留意不使自己之行为触犯刑律；否则其仇人仍将占先，而只会陷自己于双倍之困境。"[1]

复仇无论成功与否，都是悲剧。这不仅在于复仇者完成复仇后多会遭受法律的制裁或者自杀，还在于复仇的残酷手段与复仇的对等或超越心理（如"同态复仇"心理"非同态复仇"心理），更有甚者则是复仇观念的固化，导致社会上复仇行为的泛滥。

三、统治者对复仇行为的态度变化

1. 唐代之前的公许复仇

恩格斯曾说："为了在发展过程中脱离动物状态，实现自然界中的最伟大的进步，还需要一种因素：以群的联合力量和

1.［英］弗朗西斯·培根：《培根论说文集》，高健译，北岳文艺出版社，2016，第21页。

集体行动来弥补个体自卫能力的不足。"[1]人和动物的防卫方式有所不同，动物多依赖于个体防卫，而早期人类就已经意识到要依靠血亲或社会力量来进行防卫。而这种防卫行为在血亲复仇中得到了放大。在仅可对"正在进行的不法侵害实施正当防卫"的今天，复仇或报复性侵害被视为一种违法行为；但这种行为在中国古代尤其是义理法盛行时期，却得到了社会的支持和国家法的认可。

在古代，人们对合法性、正义的解释要远比后世宽泛，也没有紧急避险和正当防卫的区分。《尚书·舜典》"眚灾肆赦"一语是最早关于防卫的记载。又如《周礼·秋官·朝士》载"凡报仇者，书于士，杀之无罪"，即凡因报仇而杀人者，如果事前曾经在国家有关部门登记过，便没有罪，不受处罚。这是利用被害人家属的力量来镇压杀人现象的一种手段，是公许复仇的代表。在这个时期的司法实践中，也出现了大量的复仇类案件，国家不仅没有对当事人进行惩治，反而以孝义之举给予褒扬。当然，为了解决循环复仇的问题，国家也出台了"杀人移乡"的限制举措。如《礼记·地官·调人》有载："凡杀人而义者，不同国，令勿仇，仇之则死。"对于杀人而合法的人，

1.《马克思恩格斯选集》（第二版）第四卷，人民出版社，1995，第30—31页。转引自陈兴良：《正当防卫论》（第三版），中国人民大学出版社，2017，第1页。

只要避免与被害人家属居住在同一个地方,被害人家属便不可对杀人者复仇;如果复仇,便是犯杀人罪,要处死刑。

2. 唐代复仇受到国家法的禁止

从唐中期开始,私力救济途径被禁止的最明显表现是复仇行为会受到国家法律的制裁,这与唐代之前的统治风格大相径庭。

开元年间发生的张氏兄弟复仇案震动朝野:嶲州都督张审素被陈纂仁诬告谋反,此案主审监察御史杨汪认定谋反属实,案杀之,并抄没了张的家产。张审素的两个儿子张瑝、张琇尚年幼,流坐岭南。后二人逃回,在都城杀死了杨汪。因受儒家忠孝思想影响,历朝对为父报仇的孝义行为屡有免死之例,于是玄宗召集群臣议其案。议者多以为张审素死非其罪,二子稚年孝烈,为父报仇,应加宽宥。宰相张九龄亦持此议,欲全活二子。但宰相裴耀卿、李林甫反对上述意见,他们认为:"国法不可纵报仇。"玄宗亦赞同此论,他对张九龄说:"复仇虽礼法所许,杀人亦格律具存。孝子之情,义不顾命,国家设法,焉得容此!杀之,成复仇之志;赦之,亏律格之条。然道路喧议,故须告示。"于是玄宗下敕称:"张瑝等兄弟同杀,推问款承。律有正条,俱各至死。近闻士庶,颇有谊词,矜其为父复仇,或言本罪冤滥。但国家设法,事在经久,盖以济人,期于止杀,各申为子之志,谁非徇孝之夫,展转相继,相杀何限。咎由作士,法在必行;曾参杀人,亦不可恕。不能加以刑戮,肆诸市朝，宜付河南府告示决杀。"敕下后，便将二子交付河南府杖杀。此案轰动洛阳，都城士女都同情张琇兄弟，市人敛钱，为张氏兄弟造了一口义井，以此纪念他们虽年纪幼小，却为父报仇的孝义之行。(《旧唐书·孝友列传》)

同样发生在玄宗时期的富平人梁悦为父复仇案，梁悦的父亲为秦果所杀，悦杀仇，诣县请罪。皇帝下诏："在礼父仇不同天，而法杀人必死。礼、法，王教大端也，二说异焉。下尚书省议。"(《新唐书·列传第一百二》)玄宗认为，梁悦为父报仇的行为，根据《礼记·檀弓上》是讲道义的；但根据法律条文规定，杀人应被处死。在道义与法律规定产生矛盾之际，唐玄宗倾向于通过法律途径解决。

复仇行为虽然是对不法侵害的一种自然反应，但它并不是对正在进行的不法侵害行为的即时性反应，而是为了满足当事人的复仇心理，或者是出于对自身经济、精神上的补偿。而古人显然也逐渐意识到，复仇行为无视法律秩序，容易对社会造成不良影响，这也是唐中期开始用法律禁止复仇行为发生的原因所在。

3.国家法对子孙防卫祖父母、父母规定的变化

从公许复仇到国家法禁止受害人采取私力救济，法律在其中的作用显得越来越重要。

从唐代开始，在律法中便可以看到国家对子孙为祖父母、父母还击加害人的限度的规定。如《唐律》规定："祖父母、父母为人所殴击，子孙即殴击之（注：谓子孙原非随从者），非折伤者，勿论；折伤者，减凡斗折三等；至死者，依常律。"[1] 明清律沿袭唐制，但进一步规定："若祖父母、父母为人所杀，而子孙擅杀行凶人者，杖六十；其即时杀死者，勿论。"[2] 依照唐律，是不分尊长被殴伤与死亡情形的，仅言为人所殴击，故父祖致命者，因子孙的反击，致殴击人折伤或死亡时，亦依常律。明清律则视父祖被殴击致死，父祖被殴者与唐律同，无心而过失杀者，则勿论。

唐律坚持公力救济手段，又不承认复仇，故对子孙之非折伤的殴伤（还击），不论其罪；疏议说："祖父母、父母为人所殴击，子孙理合救之。当即殴击，虽有损伤，非折伤者无罪。"[3] 明清律虽亦以公力救济为原则，但对复仇倾向于容忍态度，因而对杀死父祖之人的即时杀害，则不予处罚。唐律对非折伤之不罚，以"理合救之"为理由；而清律集解则曰："若目击其亲被杀，痛忿激切，即时手刃其仇，情义之正也，何

---

1. 〔唐〕长孙无忌：《唐律疏议》卷第二十三《斗讼律》"祖父母为人殴击"条，刘俊文点校，法律出版社，1999，第455页。
2. 〔清〕沈之奇：《大清律辑注》（下册），怀效锋、李俊点校，法律出版社，2000，第784页。
3. 〔唐〕长孙无忌：《唐律疏议》卷第二十三《斗讼律》"祖父母为人殴击"条，刘俊文点校，法律出版社，1999，第455页。

罪之有？"[1]在明清律中，防卫父祖的行为，依据正当防卫的理论，属于违法阻却事由；唯就自己防卫，仍付诸阙如，且防卫父祖仍以其被杀为要件。故其虽承认正当防卫，适用范围仍然很窄。

四、复仇文化对当今复仇案件处理的影响

1. 张扣扣案的辩护与判决

（1）案情回溯。1996年8月27日，因为邻里矛盾纠纷，张扣扣母亲被王家三子王某军故意伤害致死。同年12月5日，王某军被判处七年有期徒刑，但张扣扣认为判决过轻，心里一直没有放下仇恨。2018年2月15日，张扣扣抓住王某军及其兄回家祭祖的机会，携带尖刀，蹲守在王家兄弟必经之路上，在二人路过时，将二人刺死。之后，张扣扣将王家的一辆小轿车点燃，致该车严重受损。张扣扣随即逃离现场，至2月17日到公安机关投案自首。

（2）一审辩护词的核心要义。张扣扣案无疑是血腥和残忍的，连杀三人，外加故意损坏财物的行为，这是对他人生命、财产的严重侵害。但是，张扣扣这么做，其原因为何？这也是

1.〔清〕沈之奇：《大清律辑注》（下册），怀效锋、李俊点校，法律出版社，2000，第785页。

张案一审辩护词的逻辑出发点。该案的一审辩护律师是京衡律师集团上海事务所的邓学平律师,这篇辩护词的特色就在于行文中引用了古代的复仇案例作为说理依据。

邓律师的辩护共分为五个部分。首先是寻找张扣扣的杀人动机,邓律师将其定性为一个血亲复仇的故事,认为年仅13岁的张扣扣在经历了母死怀中、路边验尸等视觉冲击后,患上了应激障碍症。第二部分将张扣扣复仇悲剧发生的原因之一归结为国家制度的不完善和社会对他的弃之不顾,使张扣扣没有找到更好的仇恨排遣通道,这才造成了最终的惨剧。第三部分在总结了中国古代复仇案件司法审判的规律,援引宋代"甄婆儿复仇案"后,指出了公力救济在复仇问题上的困境。邓律师认为:"根据现代法律,如果当场反击、即时报复,有可能会构成正当防卫或者紧急避险,从而无须承担法律责任。而复仇之所以被现代法律禁止,理由之一是被侵犯者有时间寻求公权力救济,可以寻求司法替代。国家垄断合法暴力,个人复仇行为被法律强制转化为司法程序。……然而公权力并非无边无际,他在伸张正义的时候也必然存在各种局限,有其无法抵触和覆盖的边界。当公权力无法完成其替代职能,无法缓解受害者的正义焦渴的时候,复仇事件就有了一定的可原谅或可宽恕基础。"也就是说,时至今日,复仇行为仍有着深刻的人性和社会基础。的确,当公力救济不能满足被害人对正义的期许时,被害人该如何抉择,这不是个案问题。所以,邓律师在辩词的

第四部分提出了国家法应该适当吸纳民间正义情感的主张，并强调："这是一个典型的复仇案件，具备民间法的某些正义元素。因此，如果我们把正式的国家法作为一个整体框架，而不是作为一个完全封闭自足的系统；如果我们认为，正式的国家法仍然能够为民间法预留某些空间，或者仍然与民间法保留着某些对话、融合的可能通道，那么张扣扣应该能有生的希望。"[1]

（3）法院的终审判决。2019年1月8日，陕西省汉中市人民检察院认为，被告人张扣扣故意非法剥夺他人生命，其行为已构成故意杀人罪；张扣扣杀人后故意焚烧他人车辆，造成的财物损失数额巨大，其行为又构成故意毁坏财物罪，公诉机关指控的犯罪事实和罪名成立。被告人张扣扣不能理智对待内心仇恨，在工作、生活又长期不如意的巨大压力下，心理逐渐失衡，蓄谋报复杀人，意识清醒，手段残忍，情节特别恶劣，后果和罪行极其严重，人身危险性和社会危害性极大，应依法惩处。张扣扣虽有自首情节，但依法不足以对其从轻处罚，对张扣扣所犯数罪，应依法并罚。张扣扣表示不服，提出上诉。

2019年4月11日，陕西省高级人民法院在汉中市中级人民法院二审公开开庭审理上诉人张扣扣故意杀人、故意毁坏财物

---

[1] 引述部分摘录自《为母复仇杀人的张扣扣一审时的律师辩护词》，详见网址：www.zhihu.com/tardis/sogou/art/74207193（登录时间：2023年7月25日）。

一案。此前，一审法院以故意杀人、故意毁坏财物罪判处被告人张扣扣死刑。在经过数小时的庭审后，合议庭当庭宣判，裁定驳回张扣扣的上诉，维持汉中市中级人民法院一审死刑判决，并依法报请最高人民法院核准。2019年7月17日上午，遵照最高人民法院院长签发的死刑执行命令，陕西汉中市中级人民法院对张扣扣执行了死刑。张扣扣案到此终结。

2.张扣扣案所引起的社会反响

张扣扣案一石激起千层浪，引起了社会大众的广泛关注，成千上万的网友发表了自己的看法。普通民众大致划分为两个阵营。一方站在张扣扣的立场上，有人觉得判张扣扣死刑量刑过重，杀了张扣扣会凉了大多中华热血男儿的心；也有人说恶人自有恶人治，有因必有果，谁都不会接受母亲在自己眼前死去，王家人事后的举动也太过绝情。另一方站在被害人一方，认为张扣扣为实施犯罪蓄谋已久，杀死并非凶手的王家父子，于情于理都不可饶恕。当然也不乏较为理性的网友主张要公正客观，要尊重事实，张扣扣杀人案最终如何判定自有人民法院考量；也有网友担心张父的未来和王家的世代恩仇……总之，不少网友从朴素的正义观出发，认为法院对张扣扣复仇的判决过重。

在张扣扣被执行死刑的当天，中央电视台法治在线节目播出了对王家二儿子王富军的采访。身为案件当事人的王富军，在张扣扣被执行死刑之时的所感所发可能更为真实，现选取采

访的关键部分,摘录如下:

潇湘晨报:张扣扣17日被执行死刑了,你知道这个事情吗?

王富军:我知道,昨天就知道了。

潇湘晨报:怎么看待这个结果?

王富军:说不出来,反正已经判刑了,死有余辜,但是我心里一点都不高兴。

潇湘晨报:为什么是高兴不起来?

王富军:他弥补不了我三个亲人的命。复仇所带来的是两个家庭的悲剧,没有赢家。

潇湘晨报:不少网友说张扣扣是英雄,为了母亲。

王富军:那些人纯粹是不了解事实,所以我不想辩解什么,事实就是事实,那些人就是看热闹的心态,事情又没发生在他们自己头上。

潇湘晨报:现在说起什么事情,能让你感到高兴呢?在生活中,会不会从1996年经历了这个事之后,感觉人生都是灰暗的?

王富军:也不是,就家里很多变故之后就看开了,对啥都无所谓了,得过且过吧。

潇湘晨报:你有想过再回三门村吗?

王富军:我这辈子都不可能再回去了,那地方,太难受了。

潇湘晨报：（王富军已离婚）你以后还打算再找一个伴吗？还是说就一个人带孩子？

王富军：说实话，2018年家里出事之前谈了一个，但后来家里出事之后就有意见了，虽然还在联系着，但态度就有变化了，我也无所谓，不能成也无所谓，一个人过就一个人过，有小孩。

潇湘晨报：你会跟你小孩讲将来要报仇什么的吗？

王富军：我从来不跟他讲那些，尽管他也试图跟我聊，我就希望他能平平安安健健康康就行，叫他好好学习，以后走上社会好好工作，与人为善，其他的什么都别想。[1]

采访中的王富军情绪比较低落，抱着得过且过的心态。张扣扣杀害王家三口，给王富军生活带来的苦难和无奈不是我们旁观者所能体会的。王富军虽在农村长大，故土难离的传统习俗却被这起案件阻断，父亲和兄弟都葬在了三门村，但他很明确地表示不会再回那个伤心地了。他从复仇案中得到的最大体会也是对世人的一个警示——复仇带来的只有悲剧，没有真正

---

[1] 采访来源于《潇湘晨报》，采访内容节选来自央视网新闻：www.cctv.com（登录时间：2023年8月31日）。

的赢家。

当然，还有许多法学学者、司法实务专家站在法律专业角度对该案发表了自己的观点。有人（匿名）借汉中中院微博上的一句话表达了自己对该案的看法，"于情可悯，于法难容"。北京大学法学院苏力教授对张扣扣案的辩护词发表评论，指出法律辩护应基于案情和事实，言外之意张扣扣案并没有做到有效辩护，辩护词煽情多于事实论证，修辞学只能增加伦理感染力，但对陈述事实没有丝毫帮助。总之，苏力教授认为邓律师的辩护已经超出了刑法追求。最高检察院则从什么是正义这一原则问题出发，对站在"无知之幕"后的每一个人应该如何定义正义给予了启示：一个人，当不确定他会是张扣扣还是王家父子的时候，他对什么是正义的判断，会更慎重一些。当固守己见的双方学会换位思考，试着从对方角度认识问题，思考解决问题的路径，离形成共识也就不远了。

与古代复仇案例相对照，张扣扣的杀人行为真的符合复仇案的评判标准吗？如果从"同态复仇"的远古习俗来看，"以牙还牙、以眼还眼"强调的是牙对牙、眼对眼，意思就是复仇应建立在一定的对等性上。原始社会，当氏族、部落成员遭到外来伤害的时候，受害者会给对方以同等的报复，或以命抵命，或以伤抵伤。即便到了阶级社会，复仇更讲求同一的阶级属性，但同态复仇的对等本质并没有发生改变。随着人类文明的进步，同态复仇逐渐被抛弃，取而代之的是国家法替代了被害人及家属的私刑行为。但即便是今天的刑事司法实践，也并非绝对的冷血和无情，从利益衡量和价值对等角度来考虑张扣扣案，也一样得不出减轻量刑的结论。殴击致其母死亡的是王家第三子，如果张扣扣只杀死了他一人，或许法院有可能在量刑上给予减轻的考量？然而事实是他还杀死了王家大儿子和王父（并非张母案的直接加害人），也就是说张扣扣的行为已远远超出"复仇"的定义，而成为滥杀无辜的行为。因此，无论是参考原始的同态复仇审判经验，还是从现代刑事司法的认定标准考虑，张扣扣的行为都不宜归入严格意义上的"复仇"。

3. 规避复仇发生的古代经验

可以肯定的是，中国古代官方与民间对于复仇行为并非一味地鼓励与支持，对于复仇行为的防范也做出了积极的举措。

《周礼》中写道："杀人而义者，不同国，令勿仇，仇之则死。"[1]对复仇的解决建议是："凡和难，父之仇辟诸海外，兄弟之仇辟诸千里之外，从父兄弟之仇不同国，君之仇视父，师长之仇视兄弟，主友之仇视从父兄弟。"[2]《公羊传》中亦写道："父不受诛，子复仇可也；父受诛，子复仇，推刃之道也。"[3]可

---

1. 〔清〕孙诒让：《周礼正义》，王文锦、陈玉霞点校，中华书局，2013，第1031页。
2. 〔清〕孙诒让：《周礼正义》，王文锦、陈玉霞点校，中华书局，2013，第1236页。
3. 《春秋公羊传译注》，刘尚慈译注，中华书局，2010，第590页。

见,在周朝对于复仇问题是比较谨慎的,一方面受伦理、义理思想的约束,另一方面也受到现实因素的影响,对复仇行为加以禁止。

东汉建安十年(205),曹操下令:"民不得复私仇,禁厚葬,皆一之于法。"[1]之后,魏文帝曹丕下诏:"丧乱以来,兵革未戢,天下之人,互相残杀。今海内初定,敢有私复仇者皆族之。"[2]曹操只是将禁止复仇纳入国法当中,曹丕则将对私自复仇行为的严厉惩罚亦纳入之,足见私力救济途径在逐渐缩小。《晋书·刑法志》中也记载了曹魏时期的复仇规定:"贼斗杀人,以劾而亡,许依古义,听子弟得追杀之。会赦及过误相杀,不得报仇,所以止杀害也。"[3]对复仇的限制对象进行了细化。北周《大律》有"若报仇者,告于法而自杀之,不坐"[4]的规定,后世将此规定称为"复仇之法"。

《隋书·刑法志》有规定:"初除复仇之法,犯者以杀论。"[5]《唐律》对复仇问题有了更加科学合理的解释,其中"杀人移乡"条规定:"诸杀人应死会赦免者,移乡千里外。其

---

1. 〔晋〕陈寿著,〔南朝宋〕裴松之注:《三国志》,中华书局,1982,第27页。
2. 〔晋〕陈寿著,〔南朝宋〕裴松之注:《三国志》,中华书局,1982,第82页。
3. 〔唐〕房玄龄等撰:《晋书》,中华书局,1974,第925页。
4. 〔唐〕魏徵、令狐德棻撰:《隋书》,中华书局,1973,第708页。
5. 程树德:《九朝律考》,中华书局,2003,第422页。

工、乐、杂户及官户、奴,并太常音声人,虽移乡,各从本色。……若群党共杀,止移下手者及头首之人。若死家无期以上亲,或先相去千里外,即习天文业已成,若妇人有犯及杀他人部曲、奴婢,并不在移限。……违者徒二年。"[1] "移乡"即强制移居千里之外为户,其法主要用于会赦免死罪之杀人犯,目的在于回避仇家血亲复仇。

《唐律》中的"杀人移乡"条包括了三方面的内容。首先是移乡的两个要件。一是主体必须是杀人应死而被赦免者。二是死家须有期以上亲(期亲是亲等丧服名。古代对于兄弟姊妹、伯叔父母、妻、子及兄弟子等死亡,表示哀痛,服丧一年,通称为期),且相去在千里之内;如果死家没有期以上亲,或虽有期以上亲但相去千里之外,都不在移乡之限。其次是移乡的方法。具体的移乡方法主要依被移者的身份而定:(1)良人,各移千里之外,妻妾从之,父祖子孙欲随之者听任;(2)官贱,主要包括工、乐、杂户、官户、官奴及太常音声人,虽移乡,各保持其身份;(3)私贱,包括部曲、家奴,部曲转配千里外之人,家奴出卖与千里外之人。再次是移乡违例的处罚。应移而不移或不应移而移者,或虽应移而不依法移者,各徒二年。

1.〔唐〕长孙无忌:《唐律疏议》卷第十八《贼盗律》"杀人移乡"条,刘俊文点校,法律出版社,1999,第370页。

"杀人移乡"条在唐代已经趋于成熟，后世对这一制度的发展不多，但元代比较特别。《宋刑统》中"杀人移乡"条秉承了《唐律》的立法意；但从元代开始，国家对复仇的立法态度出现转变："诸人杀死其父，子殴之死者，不坐，仍于杀父者之家，征烧埋银五十两。"（《元史·刑法四》）可以看出元代官方鼓励复仇，而对复仇者的处罚也从刑事惩罚变为民事赔偿。不难想象，这种对复仇行为限制的中断必会造成复仇案件的频发。明清律关于"杀人移乡"回归到唐律规定的状态。古代存续千年的"杀人移乡"制可以从空间距离上限制复仇行为的实现，由于古代交通、通信技术的落后，对超过一定距离的人们的联络与交流造成了不便，这也是这种移乡制度得以发生实际效力的客观原因。而今，随着交通、通信水平的迅速发展，传统中国的"杀人移乡"没有了制度优势，但是像王富军这样有乡不想回、有家不能回的心理创伤仍然需要一种解决机制加以抚平。

总之，无论是儒家经典的"荣复仇"，还是众多历史典籍和文学作品中的快意恩仇，某种程度上可以算作民间版的自然法。这种民间自然法与国法之间存在着微妙的关系。有学者从生物学角度出发，认为复仇这种"报复性反应，是任何一种生物在自然界生存竞争的基本需要和本能"。也有学者认为"法律制度的产生并非理性设计的产物，而是从人们血淋淋的生活中产生出来，人们要求的司法正义，不过是人类的报复本能的另一种说法"。[1]的确，复仇制度是从血与泪的教训中产生的，而人们希冀通过法律制裁杀人者，也不过是一种正义实现的方式转换。正如美国联邦大法官卡多佐曾言明的那样："不要支离破碎地去看待法律，而要将法律看作是一个连续、一往无前的发展整体。"[2]

宋太宗在点评"甄婆儿复仇案"时说"做到了情法两尽"。"情法两平""情法两尽"是中国古代对司法官审案的基本要求，大概做到了"平""尽"，案件有失公允的概率就不会太高。今天的司法环境仍然需要我们在关注"法"的同时，不能忽视"情"，尤其是案外之情，也就是说一起案件判决所引发的后续问题，可能影响今后类似案件的判决，也可能影响一时的社会风气。

---

1. 苏力：《复仇与法律》，《浙江人大》2007年第8期。
2. ［美］本杰明·N·卡多佐：《法律的成长：法律科学的悖论》，董炯、彭冰译，中国法制出版社，2002，第12页。

《西游记》中的盗抢类犯罪

一、唐僧口中的"公取窃取皆为盗"

《西游记》第五十回"情乱性从因爱欲 神昏心动遇魔头"讲的是师徒四人过了通天河之后,走入崇山峻岭之中,唐僧见孙悟空前去化斋多时不归,甚是急烦,于是与八戒、沙僧寻路向前,结果误入犀牛怪点化的一座楼宇之中。先是八戒斯斯文文地走入门里,但厅里全无人迹,也无桌椅家伙。又转过屏风,继续往里走,仍无一人应答。拽步上楼,掀开黄绫幔帐,发现床上有具白骨,八戒点头祭拜了一下这具尸骨,心里想的是既然前堂有具尸骨在此,侍奉香火之人定在后面。于是,八戒转步过帐,从透光的窗扇中看见壁厢里有张彩漆的桌子,桌子上乱搭着几件锦绣绵衣。八戒提起来看时,却是三件纳锦背心儿。他也不管好歹,拿下楼来,出得厅房,径到门外道:"师父,这里全没人烟,是一所亡灵之宅。……串楼旁有三件纳锦的背心,被我拿来了。也是我们一程的造化,此时天气寒冷,正当用时。"三藏道:"不可不可!律云:'公取窃取皆为盗。'倘或有人知觉,赶上我们,到时当官,断然是一个窃盗之罪。还不送进去与他搭在原处。"

师父唐僧是懂法之人,唐代律典中确实有"公取窃取皆为盗"的法律条文。《唐律疏议·贼盗律》有"公取窃取皆为盗"专条规定:"诸盗,公取、窃取皆为盗。器物之属须移徙,阑圈系闭之属须绝离常处,放逸飞走之属须专制,乃成盗。若畜产伴类随之,不并计。即将入己及盗其母而子随者,皆并计之。"[1]这条法律条文是对"盗罪"的两种即遂构成方式进行规范,而且结合古代的生活实际,将赃物按照静、动进行了详细的区分说明:凡行盗(指窃盗),公开地拿、私下地偷都是盗。如是器物之类的要进行搬移,围栏关拴的要脱离固定的地方,能飞走逃跑的要被其控制起来,才构成盗。如果牲畜被盗后别的牲畜跟随而来,不合并计赃。但如把跟来的牲畜占为己有及盗其母畜而仔畜随同的,都要合并计赃。《明律·贼盗律》中亦保留了"公取窃取皆为盗"条,所不同的是,唐代法律中有盗不计赃而立罪名的规定,还有减罪而轻于凡盗者,计赃重以凡盗论加一等条;明代法律对此无明文规定,贼盗之计赃,与

1.〔唐〕长孙无忌:《唐律疏议》卷第二十《贼盗律》"公取窃取皆为盗"条,刘俊文点校,法律出版社,1999,第409页。

斗殴论伤相类似，不计赃立罪各条与斗殴不论伤各条相类似，量刑的加减各法也都相似。

二、猪八戒偷拿纳锦背心的行为如何定性？

窃，在《说文解字》中解释为"盗自穴中出"。根据《说文·通训定声》中的解释，"窃"意为"虫私食米"，表示隐蔽、不为人知。"窃取"指私自窃取财物，这是"窃盗"最为典型的行为特征。而对"公取"的解释在律文中并不是非常明确。"公取"一词在《唐律》中共出现三次，分别为第270条的"盗大祀神御之物，公取、窃取皆为盗"，以及本条及疏议。从与窃取的对立意义来考量，"公取"当指公然地拿取，它无须潜形隐面、不为人知。

现代刑法针对盗窃是否包含公开进行的窃取行为，尚存在争议。传统理论坚持认为盗窃仅指秘密窃取的行为，但这种主张遭到了以德日刑法理论为基础的刑法学者的反对。后者认为盗窃是指以平和的手段将他人财物占为己有的行为，不在于秘密还是公开。这种观点虽然并未成为学界的共识，但已经得到相当一部分学者的认可。[1] 值得注意的是，两派观点在论述时都提到了中国古代律法的相关内容，作为支持己方观点的论据。"秘密窃取说"认为"明抢暗偷"是深入人心的传统观点；而"公开盗窃说"则引用了《唐律疏议》中提到的"公取窃取皆为盗"中"公取"的公然性特征。

从古代法律对公取与窃取行为区分的目的来看，二者的区别还在于"窃取"的主观故意性更为明显，它有秘密谋划、谨慎施行的主观准备；而"公取"不排除即起犯意的可能。我们来详细分析一下猪八戒拿人绫罗锦衣的行为应属于"公取"还是"窃取"。首先，猪八戒进入楼宅的目的并不是为了偷窃，而是为师父去化缘，而且为了能顺利化得斋食，不惊吓到屋主，八戒还收起了钉钯，整束了衣衫，看上去斯斯文文的，才走进了门里，所以可以排除其主观上有偷的故意。其次，这本是犀牛怪设的局，房中根本无人，这个情节非常具有诱惑性，加上八戒"爱小"（爱占小便宜），所以当他看到桌上放着三件纳锦背心儿时，便临时起意，擅自拿走了。八戒自己也解释了为何要拿锦衣，当时天气转冷，担心师父受凉，所以拿锦衣是

---

[1]. 相关论文与书籍有：张明楷《刑法学》第五版（法律出版社，2016）、张明楷《盗窃与抢夺的界限》（《法学家》2006年第2期）、吴林生《平和窃取说之批判——兼与张明楷教授商榷》（《法学杂志》2010年第1期）、何显兵《再论盗窃与抢夺的界限——对公然盗窃论的质疑》（《中国刑事法杂志》2012年第5期）、徐光华《"公开盗窃说"质疑》（《法商研究》2015年第3期）。

想师父受用。由此看来,八戒并没有潜形隐面,拿锦绣绵衣也是即起犯意,所以属于"公取",唐僧所担心的是若被人知晓,到了当官处告一个窃盗之罪。

《太平广记》中记载了一个相似案例:"恂独行,苦困渴,果至一店,店有水瓮,不见人。恂窃取浆饮,忽有一老翁大叫怒,持刀以趁,骂云:'盗饮我浆。'恂大惧却走……"[1]案例中皇甫恂窃水的行为客观上是公然进行的,与"八戒案"的不同之处就在于过程被主人看到。若按照"秘密窃取说"的观点,认定"秘密性"的关键在于行为人是否存在主观故意,但这显然有落入主观归罪的嫌疑。"公开窃取"在客观上是存在的,即使在将其行为定义为"窃"的前提下,"公开盗窃说"似乎也可以自圆其说。

与八戒公然的拿有所不同,孙悟空二调芭蕉扇时,曾偷过牛魔王的避水金睛兽,当时孙悟空想的是"不肯借扇与我,不如偷了他的金睛兽,变做牛魔王,去哄那罗刹女,骗他扇子,送我师父过山为妙"。所以,孙悟空偷避水金睛兽时是幻化成了牛魔王的模样,这就属于潜形隐面的"秘密窃取"了。金睛兽属于神性动物,要想其"绝离栏圈系闭之属"并非易事,所以孙悟空使用了一定的蒙蔽手段。但是将这个故事情节与猪八戒偷锦绣绵衣的情节对比来看,二者在偷取的主观故意程度、

1.〔宋〕李昉等:《太平广记》卷第三百二,中华书局,1961,第2395页。

行为的外在反应上也都是不同的。

三、从"公取""窃取"到"明火执仗""白昼抢夺"的律义转变

1.《西游记》中出现的谋财犯罪

《西游记》第四十回"婴儿戏化禅心乱　猿马刀归木母空"讲的是红孩儿幻化成一个农家小孩儿，为骗取唐僧的同情，编了一个家里遭遇强盗的故事。在红孩儿编造的身世中，红十万继承了父亲的遗产，以放贷为生，怎料反被借贷的贼人强占了家财，丢了性命，赔上了老婆。

同样发生在白昼的劫财事件在《西游记》中还不止红孩儿编造的这一件。第五十二回"悟空大闹金兜洞　如来暗示主人公"讲的是金兜洞的妖怪夺走了孙悟空一行的兵器和法宝，后被孙悟空使计抢了回来，故而两人互相责骂对方白昼抢夺。

第五十八回"二心搅乱大乾坤　一体难修真寂灭"是著名的真假美猴王的故事，其中有一桥段，大圣到观音菩萨处理论道："如来不该慈悯他，他打伤我师父，抢夺我包袱，依律问他个得财伤人，白昼抢夺，也该个斩罪哩。"

第八十四回"难灭伽持圆大觉　法王成正体天然"，师徒四人走到灭法国境内，躲在一家客店里，岂料与强盗一伙遭遇，听见行者说有许多银子，他们几个就溜出去，伙了二十多

个贼,明火执仗地来打劫马贩子。

在《西游记》的上述章回中,都出现了劫财的情节,并且"白昼抢夺""明火执仗"等字眼频现,这是对劫财情景的再现。那么在古代律典中对这样的劫掠行为又是如何规定的呢?是否在早期的法律中就已规范完备?古代法律又是如何对"白昼抢夺"与强取、窃盗犯罪进行区分的?要想解答这些疑问,我们还需从"公取""窃取"的律义发展说起。

2."公取""窃取"的内涵转变

"公取窃取皆为盗"出于《唐律》,在后世律典中得以保留并且未改其本意。但清代《大清律例》规定:"凡盗,公取、窃取皆为盗。(公取,谓行盗之人公然而取其财,如强盗抢夺;窃取,谓潜行隐面私窃取其财,如窃盗掏摸,皆名为盗。)"[1]该规定对"公取"行为不再定性为"窃盗",进一步缩小了盗罪的外延。其实对盗的定义并不是直到清代才发生变化,薛允升在明代"公取窃取皆为盗"条的示掌也说:"此分别已成盗、未成盗之法,乃断罪之通例也。盖强、窃皆然。"[2]

唐律中保留公开盗窃可能性的原因之一在于,唐宋时期仅有窃盗和强盗,二者之间不存在过渡性质的罪名和处罚,而明

---

1. 马健石、杨育棠主编:《大清律例通考校注》,中国政法大学出版社,1992,第766页。
2.〔清〕薛允升:《唐明律合编》卷二十,怀效锋、李鸣点校,法律出版社,1999,第562页。

清则正式以"抢夺"条作为过渡性罪名。沈家本曾言:"唐无白昼抢夺之文,盖赅括于《强盗律》内。《元律》诸抢夺人财以强盗论,亦即此义。明别立此条,意以《强盗律》太严,故为此调剂之法。"[1]沈氏认为由于《明律》突破了自《唐律》起形成的根据"持杖"与否、有无"杀伤"以及"得财"多少来区别量刑的规则,规定"但得财不分首从皆斩",从而导致强盗罪量刑畸重,因此将抢夺行为从中分离出来,成为"调剂之法"。随着"抢夺罪"的独立出现,明清律开始直接以"公然"和"秘密"作为区分窃盗行为与抢夺行为的标准之一,"公然窃取"则不复存在。

清代发生了一起"遭风船覆之后荡划捞取箱物案",湖督咨:"周恒玉等因师承法遭风溺舟,该犯等荡划捞取箱物虽在覆舟之后,非实在乘危抢夺可比,惟既经师承法等在岸喊阻,该犯等并不理睬,仍将所捞箱物携回隐匿,已有抢夺情形。该犯等各自荡划捞取,并无首从可分,将周恒玉等均照乘危抢夺得财未伤人拟流例,量减一等满徒。"[2]本案中,案犯公然取走他人财物,但并未付诸任何暴力,这一行为被定性为抢夺罪。可见在司法实践中,"公然窃盗"的合理性已经不复存在。

1.〔清〕沈家本:《历代刑法考》,《明律目笺三·白昼抢夺》,中华书局,1985,第1864页。
2.〔清〕祝庆祺、鲍书芸等编:《刑案汇览三编(一)》,北京古籍出版社,2000,第538页。

元代的条例以及刑法志中开始单独讨论抢夺行为，并与"白昼"二字结合使用。《大元圣政典章新集至治条例》中"再犯贼徒断罪迁徙"条载"本省议得：贼人周大添初犯切（窃）盗刺断，今次白昼抢夺张四嫂麻皮，强行剥脱王千二（衣服）钞物……"[1]这种表述侧面说明在司法实践中对白昼抢夺行为的典型性和特殊性规定越发明确，需要于例中单独分析。由于当时律无正条，所以一般援引强盗论处，《新集至治条例》中也规定了"持杖白昼抢夺同强盗"。另外，《元史·刑法志》载："诸强夺人财，以强盗论"，"诸白昼持杖剽掠，得财殴伤事主，若得财不曾伤事主，并以强盗论"。[2]其后，"白昼抢夺"条正式在《大明律》中被确定下来，《大清律》沿袭了《明律》的做法。

3. 强取、窃盗与抢夺的区分

（1）公然与秘密的行为区分

前文提及《大清律》将"强盗与抢夺"共同冠之以"公取"，此种做法似乎与"白昼"二字的使用有些许联系。但《大清律例》该罪第二条例文中规定："在白昼为抢夺，在夜间为窃盗，在途截抢者，虽昏夜仍问抢夺，止去'白昼'二

1.《元典章》（第四册）附《大元圣政典章新集至治条例》，《刑部·贼盗》，陈高华等点校，中华书局、天津古籍出版社，2011，第2181页。

2. 邱汉平编著：《历代刑法志》，商务印书馆，2017，第501页。

字。"[1]"白昼"突出的是光天化日之下的明抢,与之相对应的是寅夜潜入人家的偷窃。从汉律开始,对"夜无故入人家"的行为进行限制,给予屋主以防卫权。王肯堂认为"凡徒手而夺于中途,虽暮夜亦是抢夺,但无白昼二字耳。若昏夜抢夺,执有凶器,即是强盗。欺其不知不见而取之,即是窃盗,故不言"[2]。道光二年(1822)刑部批复"杨曹芝等行劫胡允梅银物,又张元茂等听从行劫杀死事主龙芳秀等二案"云:"至昏夜之于白昼,在途之于在室,似难泥为抢劫之限。"[3]因此,刑部也并不认为"白昼"二字仅起到时间指示的作用,白昼公然抢夺或是夜晚在途行劫不持械都可以以抢夺论。"白昼"二字的使用,实际在于突出其"公然性"。刑法学者屈学武认为"白昼抢夺"属于"公然犯罪"中的一种,其主要观点是认为这类犯罪"面目的公开性、手法的张狂性和活动的明目张胆性",其"实质是个体对国家法律的公然挑衅反抗,因而其特定的主观恶性所致的人身危险性,对社会所造成的精神伤弊和负向性的示范效应及其文化价值上的逆向行径,是秘行犯、一般犯均难

1.《大清律例·刑律》,卷二十四贼门"白昼抢夺"条,田汉、郑秦点校,法律出版社,1999,第387页。

2.〔明〕王肯堂撰,四库未收书辑刊编纂委员会编:《四库未收书辑刊》壹辑·二十五册,北京出版社,2000,第524页。

3.〔清〕祝庆祺、鲍书芸等编:《刑案汇览三编(一)》,北京古籍出版社,2000,第494页。

匹敌的"。[1]明清律直接将"公然"与"秘密"作为区分窃盗与强盗、抢劫的区分标准，有其合理性，但是抹杀了自唐律中就一直包含的"公开窃取"的合理性因素。

（2）暴力程度的不同

偷窃、抢夺、抢劫三者的另一区分标准，即暴力程度不同，这是现代刑法的成熟通说，但在封建社会末期已然有此区分。《清稗类钞》写道："凡财物所有权之在人者而我取之也，以强力行之者为盗，其得之也曰抢；以诡计行之者为贼，其得之也曰窃。"[2]《续资治通鉴长编》中有这样一则案例：

> 甲午，知制诰王安石同勾当三班院。先是，安石纠察在京刑狱。有少年得斗鹑，其同侪借观之，因就乞之，鹑主不许。借者恃与之狎昵，遂携去，鹑主追及之，踢其胁下，立死。开封府按其人罪当偿死，安石驳之曰："按律，公取、窃取皆为盗，此不与而彼乃强携以去，乃盗也。此追而殴之，乃捕盗也。虽死，当勿论。府司失入平人为死罪。"府官不伏，事下审刑、大理详定，以府断为是。有诏安石放罪。旧制，放罪者皆诣殿门谢。安石自言"我无

---

[1] 具体论述详见屈学武《公然犯罪研究》，中国政法大学出版社，1998，第57、176—177页。

[2]〔清〕徐珂：《清稗类钞》第十一册《盗贼类》，中华书局，2010，第5292页。

罪"，不谢，御史台及阁门累移牒趣之，终不肯谢。台司因劾奏之，执政以其名重，释不问，但徙安石他官。[1]

在这个案例中，鹌鹑的所有者不同意同伴借观鹌鹑的提议，同伴遂携带鹌鹑而去，鹌鹑的主人追上后踢了同伴的肋骨，同伴当场死亡。对该案开封府认为，鹌鹑的主人罪当偿命，王安石却认为"公取、窃取皆为盗"，强携而去仍然属于"盗"，此时追击把人打死属于"捕盗"。根据《宋刑统》中的规定："诸被人殴击折伤以上，若盗及强奸，虽旁人皆得捕系以送官司。议曰：捕格法准上条：持杖拒捍，其捕者得格杀之；持杖及空手而走者，亦得杀之。"[2] 这是王安石主张"虽死，当勿论"的理由。审刑院和大理寺支持了开封府的意见，但赦免了王安石"误判"的罪行；王安石坚持己见，在多方劝说下仍然拒不肯谢恩，最终以"徙移他官"收尾。王安石主张"公取"属于"盗"，至于具体是强盗还是窃盗，尚存在解释的空间，虽然王安石点出"强携"一词，但并没有明确说是"强盗"。该条关于"捕亡"的律文中，追捕逃犯仅需要"盗"罪成立即可，也没有要求一定是"强盗"罪，更重要的是该行为

1.〔宋〕李焘：《续资治通鉴长编》第十四册卷一百九十七《仁宗·嘉祐七年》，中华书局，1995，第4783页。

2. 窦仪等：《宋刑统》卷第二十八《捕亡律》"将吏追捕罪人"条，吴翊如点校，中华书局，1984，第451页。

显然不符合"强盗"罪的标准。《宋刑统》载:"诸强盗,谓以威若力而取其财。"[1]这种平和但公开的方式不符合强盗的标准,显然属于窃盗。虽然王安石的意见没有被采纳,但仍然可以作为传统观念中对于窃取可以公然进行的正面观点。

《清稗类钞》中还载有《窃箱笼及木器》一案:

> 杭州某宅,尝以喜庆事演剧三日,至第四日,主仆皆倦,夜未阑,卧矣。贼十余辈入其室,取箱笼及木器,及张灯启门,相与担负诸物,杂沓而出,且佯相语曰:"吾辈辛苦数日,主人不谅我,欲我辈连夜还人物,岂非不情!"时更夫闻之,以为必某宅仆人也,因劝之曰:"汝辈受雇钱,做事乃义务,何可深怨!"则群叱之曰:"此何与汝事,乃须汝饶舌。"比明,主人见大失物,问更夫,始知贼故以是欺更夫也。[2]

本案中窃贼佯装仆人,公然将箱笼木器等抬出,更夫看到了这个过程还有过攀谈,将他人财物搬走的行为是在他人注视下进行的,而窃取财物的人也明确知晓这一点。这种行为看似

---

1. 窦仪等:《宋刑统》卷第十九《贼盗律》"强盗窃盗"条,吴翊如点校,中华书局,1984年,第300页。
2.〔清〕徐珂:《清稗类钞》第十一册《盗贼类》"窃箱笼及木器",中华书局,2010年,第5369页。

诈骗，实际上更夫不享有财物的所有权和处置权，因此诈骗不成立，而属于盗窃，该案的标题也是"窃箱笼及木器"。

《中华人民共和国刑法》第264条规定，盗窃罪是指"以非法占有为目的，盗窃公私财物数额较大的，或者多次盗窃、入户盗窃、携带凶器盗窃、扒窃"的行为。对抢夺罪的定义是"抢夺公私财物，数额较大的，或者多次抢夺的"行为（第267条）。法条里并没有明确规定秘密或公开的要求。德日刑法理论采取实质解释论，认为犯罪的本质在于对社会秩序的破坏、对规范的违反和对法益的侵害。从具体案件中也可以看出，公然但是平和地将他人财物据为己有，显然与"抢夺"不符，因为抢夺的关键并不在于是否公然，而在于"抢"。

而"强盗"暴力程度则更甚于"抢夺"，"抢"是争取，"夺"是攘取。"攘"兼有侵夺、窃取的意思，虽然取财过程都不甚平缓，但并非必然付诸暴力。王肯堂在《明律笺释》中这样描述抢夺行为："出其不意攫而有之曰抢，用力而得之曰夺。"蔡枢衡先生则认为："抢夺实是强夺、剽掠或抢虏的概括，而含义不尽相同。抢者，突也。突者，猝也。夺是争取。抢夺是猝然争得。特点在于抢者出其不意或乘其不备，被抢者措手不及。取得虽非平稳，究未行使威力，显不同于强盗，亦有异于窃盗，情节在强、窃之间，颇与恐吓相当，但有用智、用力之别。故其处罚亦重于窃盗而轻于强盗。"[1]

（3）凶手人数与凶器之间的联系

明清律对"强盗"与"抢夺"的区别做出了规定，曰："人少而无凶器者，抢夺也；人众而有凶器者，强劫也。"[2]人数与凶器在理论上成为区分二者的关键要素，但由于过于宽泛，导致司法实践中还需要查例。"抢夺财物，除十人以下又无凶器者仍依抢夺本律科断外，如有聚众至十人以上及虽不满十人，但经执持器械，倚强肆掠，果有凶暴众著情事，均照粮船水手分别首从定拟。"[3]依据此例可知：其一，"十人"是罪行定性的法定人数，不到十人则构成抢夺罪，超过十人则构成劫掠；其二，有无凶器也影响定性，即便人数在十人以下，但手持凶器，也可构成抢劫罪。所以，律学家沈之奇进一步解释指出："虽以人少人多，有无凶器，分别抢夺、强劫，然亦不可拘泥。有人少而有凶器为强劫者，有人多而无凶器为抢夺者，总以情形为凭，不在人多人少。"[4]《刑案汇览》中"三十三人俱系徒手驳照抢夺案"的判词就明确了这一主张，"查许乌黑人

---

1. 蔡枢衡：《中国刑法史》，广西人民出版社，1983，第145页。
2. 〔清〕沈家本：《历代刑法考》明律目笺三《贼盗·白昼抢夺》，中华书局，1985，第1864页。
3. 〔清〕祝庆祺、鲍书芸等编：《刑案汇览三编（一）》，北京古籍出版社，2000，第552页。
4. 〔清〕沈之奇：《大清律辑注》（下册），怀效锋、李俊点校，法律出版社，2000，第590页。

数虽多,惟系徒手抢夺,并未执持器械,与倚强肆掠,凶暴众著情事迥殊。"¹又见"路文经纠抢戴德培银物"一案的判决依据,亦是如此:"……此案路文经等首从十七人俱系徒手,与持械抢夺倚强肆掠者迥不相同。……原题声明该犯纠抢虽伙众十人以上,但俱徒手,并未持有器械及凶暴众著事情。"²此二例均案犯众多,但由于并未"持械"仍依抢夺论罪,可以看出凶器之于认定抢夺行为的分量远大于人数。

但就凶器的材质和生成条件而言,还要具体问题具体分析。如在《驳案汇编》中有"王小二等抢夺衣物殴伤事主李正身死"一案,此案中王小二等结伙九人,各执柳棍及长棍鞭杆等物,劫夺行人,殴毙事主。本案主审法官强调"并非人少而无凶器可比。自应以强劫问拟"。³在本案中,法官对"凶器"进行了广义解释,他认为行为人所持的"柳棍木枝"应认定为凶器,因此以"人多而有凶器"按强盗罪论处。可见,即便对于同样的"物"(如木棍之类),是否被认定为凶器,会直接影响到犯罪行为的定性问题。但是,其认定标准不是唯一的,需

---

1. 〔清〕沈之奇:《大清律辑注》(下册),怀效锋、李俊点校,法律出版社,2000,第554页。

2. 〔清〕沈之奇:《大清律辑注》(下册),怀效锋、李俊点校,法律出版社,2000,第550页。

3. 〔清〕全士潮、张道源等:《驳案汇编》卷七《刑律·贼盗上》,何勤华、张伯元、陈重业等点校,法律出版社,2009,第117页。

要结合具体的案情加以考量。

　　综上所述,"盗"罪是我国古代刑法体系中重要的类罪,"公取窃取皆为盗"一条对整个盗罪体系进行了厘清性规定。明清时期"抢夺条"的衍生,导致"公然窃取"的合理性不复存在。虽然在罪名编制上盗罪体系更加完整和协调,但是将"公然""秘密"作为划清强盗、抢夺与窃盗之间的界限的做法,已没有可操作的空间。

书里书外"弼马温"

一、《西游记》中众所周知的弼马温

在《西游记》中,"弼马温"一词成为神仙鬼怪对孙悟空的专用嘲笑和贬损之词。而齐天大圣被封为弼马温的故事情节主要发生在第四回"官封弼马心何足 名注齐天意未宁"。得官后的猴王起初还是欢欢喜喜的,到任后也是非常爱岗敬业的。但在接风酒席上,猴王忽然问道"我这弼马温是个甚么官衔"时,得到的回答却是"没有品从"。众道的解释是:"不大,不大,只唤做'未入流'。""末等。这样官儿,最低最小,只可与他看马。"自称"齐天大圣"的猴王到了天宫却被封了个不入流的末等官,这是何等的羞辱!所以才引出了猴王搅乱蟠桃宴、偷吃仙丹的报复故事。被天宫羞辱过的猴王,在取经道路上遇到知道他过去底细的神怪,在情急之下都愿意揭他的伤疤,指他的痛处。十万天兵讨伐花果山时,二郎神就当面骂过孙悟空："你这厮有眼无珠，认不得我么！吾乃玉帝外甥，敕封昭慧灵王二郎是也。今蒙上命，到此擒你这造反天宫的弼马温猢狲，你还不知死活！"揭孙悟空伤疤最多的当然要数猪八戒了，每次受到孙悟空的戏要时都会骂上一句"弼马温"。嘲笑孙悟空做过弼马温的，当然少不了来自天庭或佛界，像骗取袈裟的黑熊精、广寒宫里的玉兔精、文殊菩萨的坐骑青毛狮子怪等一干神妖精怪。

  回到我们要讨论的主题，当大圣问到属下此官是个几品时，得到的答案是不入流，没有品从。属下接着还说弼马温的主要职责就是饲养天马，马喂得膘肥那是本分，如果马儿稍有羸弱，就会受到责怪，如果马儿有了损伤，甚至会被罚赎问罪。很明显，玉帝给孙大圣安排了一个吃力不讨好的职位。《三晋石刻大全》中对现存石刻"西游记华表"上的记载进行了拓印，其中有一句提到："唐设楼烦监牧于此养马，典记系猴于马厩可避马瘟。"[1]明代谢肇淛在《五杂俎》中也曾提到："（弼马温）置狙于马厩，令马不疫。"[2]看来因为在中国古代有民间传说，认为猴子可以避马瘟，所以吴承恩在《西游记》里

---

[1]. 李玉明主编：《三晋石刻大全·太原市娄烦县卷》（上编），三晋出版社，2016，第247页。
[2]. 蔡铁鹰编：《西游记资料汇编》（下），中华书局，2010，第247页。

取其谐音杜撰了"弼马温"这个官名。[1]

"弼马温"遭到了大圣的嫌弃,只因其被告知弼马温是一个不入流、没有品从的官职。那么,"弼马温"真如书中所言是个极其低微的职位吗?在中国古代,马被看作重要的交通运输工具,还是衡量战斗力强弱的重要标志,那么有没有跟养马相关的官职?官品又是几何?同时,古代人讲的"不入流"是什么意思,与其相对的又是什么群体?

二、历史上的御马监

按照武曲星君启奏的原话,天宫里的御马监缺个正堂管事的,于是玉皇大帝便除授给孙大圣"御马监正堂管事"一职。再从御马监的人员构成来看,还有监丞、监副、典薄、力士等一干人等,也就是说这管天马的御马监人员组成完备,是个标准的职能机构,所以也不能简单地认为弼马温就是一个马匹饲养员,低贱而不入流。那么,为什么孙悟空本人甚至是普通读者都觉得弼马温是个没有官品的、最低最小的末等官呢?这样的灌输自然来自御马监中众人之口。所以有些专门研究《西游记》的学者从行政管理学的角度给出了一个解释,认为孙悟空

---

[1]. 民间传说也不是空穴来风。古代有一部养马的书叫作《马经》,书里记载说母猴来月事,经血沾到草上,马吃了沾有母猴经血的草就不会得马瘟。

上任御马监最初其实是有着励精图治之心的；但是他工作狂的作风使得手下的这些监丞、监副、典簿、力士都招架不了，再加上这些人在孙悟空出现之前一直是消极怠工的，甚至还有捞点草料钱的油头，但在新官到来之后一切都起了变化。这种情况下，只有架空新官或逼走新官才能维护他们小集团的利益，于是有一天，这些人逮到了机会，告诉孙悟空他担任的是个末等官，是给玉帝做奴才的。在这些属下的挑唆下，官场菜鸟孙悟空一怒之下返回了花果山。回过头来，在玉皇大帝设朝之日，这些御马监的监丞、监副在丹墀下拜奏时却是另外一种说法："新任弼马温孙悟空，因嫌官小，昨日反下天宫去了。"由此可见，粗读之下，《西游记》中对弼马温官品的描述确实容易让人产生错误认识。

事实上，古代对马的重视，从其专设官职即可见。例如，在明代确实存在过御马监这样的属衙，它属于宦官二十四衙门之一，《明史·职官志三》中记载："御马监，设令一人，正七品，丞一人，从七品。""御马监，掌印、监督、提督太监各一员。腾骧四卫营各设监官、掌司、典簿、写字、拿马等员。象房有掌司等员。"可见，明朝御马监无正堂管事一职，其最高长官是掌印太监，官职为七品或从七品官（明初则是四、五品级）。总之，明代的御马监为官署名，由太监执掌担任，掌理御厩、兵符之事，历史上像汪直这样的宦官也曾担任过掌印御马监之职。宦官在明代组成二十四衙门，掌印太监在各部门均有，并各司其职，御马监属十二监，在御马监内，掌印太监一名和监督太监、提督太监各一员一起，共同职掌御厩诸事，禁军下有监官、掌司、牵马的人等。

清代《称谓录》卷十九中记载："顺治初年设御马监，十八年改为阿敦衙门，以大臣侍卫管理。康熙十六年改为上驷院。"在《清史稿·兵志》中亦有介绍："清初沿明制，设御马监，康熙间，改为上驷院，掌御马，以备上乘。畜以备御者，曰内马；供仪仗者，曰仗马。御马选入，以印烙之。设蒙古马医官疗马病。上巡幸及行围，扈从官弁，各给官马。"清初承明制，仍然设有御马监，虽名称有变，但其职能并未有实质性变化。

在冷兵器时代，马的重要性是不言而喻的，历朝历代统治者都对其重视有加。《宋史·职官志》中提到过"掌国马，别其驽良，以待军国之用"。马除了用于战争，平时还是非常重要的一种交通运输工具，其用途甚广。马饲养得好坏，关乎国运，这样说并不为过，若是皇帝的御马，那就更显珍贵和重要，统治者自然也会给予足够的重视。如辽代掌管御马的机构为尚厩局，宋朝有群牧司，唐代有太仆寺，高宗龙朔二年（662）改为司驭寺，武后时叫司仆寺，中宗神龙元年（705）又复旧称。唐太宗曾任命太仆少卿张万岁掌管马政。此外，唐代还专门设置东宫九牧监，正八品以上，掌牧养马牛，供皇太子之用。武后设置闲厩使、飞龙使，渐夺马政权利。可见历朝历代，御马都深受统治者重视。

《明史》中说御马监令为正七品，从古代官员的品秩上看，官品确实不高。从俸禄的发展变化看，御马监官的所得俸禄也确实不多（见表11）。但如前所述，皇帝的御马都是精挑细选出来的良马。若是战时，御马监还是掌管作战工具的重要军事机构，战马的好坏直接关系到骑兵的生死和战争的成败，岂是小事！所以说，御马监其实是一个官小权重的机构。

表11　唐明时期俸禄对照表

品秩	唐初 月禄米/石	唐代贞观年间 月禄米/石	洪武25年 月禄米/石
一品	700	650	87
从一品			74
二品		470	61
从二品			48
三品		370	35
从三品			26
四品		280	24
从四品			21
五品		180	16
从五品			14
六品		95	10
从六品			8
七品		75	7.5

续表

品秩	唐初 月禄米/石	唐代贞观年间 月禄米/石	洪武25年 月禄米/石
从七品			7
八品		64.5	6.5
从八品			6
九品	30	54.5	5.5
从九品			5
未入流			3

三、"流内官"与"流外官"

《西游记》中的弼马温据称是未入流的末等官,但事实上明代的御马监令官品最低时为正七品,七品官属于流内官,相当于今天地方基层官员的品秩,并非"未入流"。《明史·职官志》中对"未入流"有解释:"文选掌官吏班秩迁升、改调之事,以赞尚书。凡文官之品九,品有正从,为级一十八。不及九品曰未入流。"由此可见,明代的官品共分为十八级,而九品外的官才就被称为未入流,官秩低微;而九品之内叫作"流内官"。

对"流内官"与"流外官"的区分并非始于明代。我国封建社会官品选拔、考核体系的形成可追溯到秦汉之初,官职的具体品级在历朝历代都有严格规定,并有所沿革。西汉将官职分为二十级，曹魏时以一品至九品定分为九级，形成九品官人法。九品官人法是魏晋南北朝时期将人才评价与官员任用相结合的一种人才选拔方法。

"流内官""流外官"是从北魏的人才选拔中开始出现的。鲜卑政权通过氏族详定制度，确定每一个家族的地位，然后以九品中正制为基础，对官员进行"乡品"的认定。"乡品"是指根据乡里公众的评论评定的品级标准，"乡品"高的被称为"流内官"，"流内官"的升迁速度非常快。[1]与之相对应的就是"流外官"，"乡品"低，升迁速度相对也慢。"流内官"还被称为"清官"，"流外官"又被称为"浊官"。

官品性质的发展与转变是一个渐进的过程，但它也有突变的时候。公元5世纪末、6世纪初，南朝梁武帝在天监二年（503）、天监七年（508）进行了两次重大的官制改革："使九品官人法向两个方向分张，一个是向官阶制的分张，一个是向官班制的分张，九品官人法被改造成为两个内容，一个是九品官阶制度，一是官班选用制度……官班制中的流内十八班与流外七班间的巨大鸿沟，二品资品者可以进入官班制的十八班，不具有二品资品者，不能进入十八班，这就在二品以上与三品

---

[1] 如在梁武帝天监年间改革蜜罐时，十八班以内的流内官皆需乡品二品以上的资格，而乡品三品以下者只能担任流外七班官职。详见李济沧《乡品与乡里：六朝贵族制言说的展开及其新趋势》一文，载《史学集刊》2023年第6期，第25—37页。

以下之间划出了深刻的界限。"[1]从这一思路着眼梳理官品与俸禄之间对应关系的变化,秦以前官爵合一,以爵定官;秦汉以秩定官,即以官吏俸禄来确定官阶;汉袭秦制,以石为单位论俸禄并最终定型;魏晋时以品定官开始出现。

隋朝的官品制度与职官制度的联系就更为紧密了。隋朝职官是由流内官和流外官两部分组成的,而流内与流外皆有官品。流内的官品分为九品,品各有从,由正四品开始到从九品,每个正、从品又分上下阶,一共三十个等级。流外官官品也有"流外勋品、二品、三品、四品、五品、六品、七品、八品、九品之差。又视流外,亦有视勋品、视二品、视三品、视四品、视五品、视六品、视七品、视八品、视九品之差。极于胥吏矣,皆无上下阶云"(《隋书·百官志下》)。从整个官僚体系考查,隋代的官品设计,是比较复杂的。但也遵循一个大的原则,就是官品的高低是与官职、爵位的高低相对应的。

隋以后,将不入九品的职官称为流外官,流外官通过考核可升级为流内官,此时称为"入流"。唐袭隋制,因贵族政治向官僚政治的过渡,与三省六部为主体的行政格局相适应,确立了完整的职官制度,并为宋朝以后历代职官制度奠定了基础。唐代,文官自正四品以下,武官自正三品以下,还分为上

---

1. 陈长琦:《官品的起源》,商务印书馆,2016,前言第2页。

下阶，因此，唐代文官的散官[1]实际上有三十个等级，武官散官等级是三十二等，这些等级总称为"流内官"，为正式文武官员（见表12）。

依唐代官制，以低级散官而任较高职务者称守某官，反之为行某官，可以看出当时散官具有一定的独立性。流外官也有九品，实际上属于吏员，不在正式官员的范围内。唐代的流外官作为中央集权政治制度的组成部分，在中国封建社会的职官制度发展中，起到了承上启下的作用。唐代数量众多的流外官如令史、书令史、府、史、亭长、掌固、典事、谒者、楷书手等，广泛设置于中央到地方的各级行政机构中，同样担负着重要的行政职能。与流内官的管理制度相当，唐代政府对流外官的管理，在选任、置品、督课、酬劳、入流内叙品等方面有其完备的制度。

同样到了明代，散官成为官品的附属，称官阶不到从九品的职官为"未入流"。但在明清的司法实践中存在"百官者虚名，而柄国者吏胥而已"的奇怪现象，这些未入流的衙门吏员们"品卑权重"，异常活跃，架空地方长官、左右案件成败的情况并不鲜见。例如，清代阎文介公在户部掌职时，因琐事得

---

1. 散官是古代表示官员等级的称号，与职事官表示所任职务的称号相对而言。隋朝开始定散官名称，加给文武官员，皆无实际职务，而统称官员实际职务者为职事官，散官是有官名而无职事的官称。明清官员级别和待遇依实际所授职事官品级，散官仅存名号。

表12 唐代流内官九品三十等详表

官品	职官	文散官	武散官	爵/勋
正一品	太师、太傅、太保、太尉、司徒、司空			爵：亲王、公主
从一品	太子太师、太子太傅、太子太保	开府仪同三司	骠骑大将军	爵：嗣王、郡王、国公
正二品	尚书令、大行太尚书令	特进	辅国大将军	爵：开国郡公 勋：上国柱
从二品	尚书左右仆射、太子少师、太子少傅、太子少保、京兆/河南/太原府牧、大都督、大都护	光禄大夫	镇国大将军	爵：开国县公 勋：柱国
正三品	中书令、侍中、六部尚书、十六卫大将军、太子宾客、太常卿、太子詹事、中都督、上都护	金紫光禄大夫	冠军大将军、怀化大将军	勋：上护军
从三品	御史大夫、秘书监、光禄/卫尉/宗正/太仆/大理/鸿胪/司农/太府卿、左右散骑常侍、国子祭酒、殿中监、少府监、将作大匠、诸卫羽林千牛将军、下都督、上州刺史、大都督府长史、大都督府副都护	银青光禄大夫	云麾将军、归德将军	爵：开国侯 勋：护军

续表

官品	职官	文散官	武散官	爵／勋
正四品上	黄门侍郎、中书侍郎、尚书左丞、吏部侍郎、太常少卿、太子左庶子、太子左右卫率、中州刺史、军器监、上都护府副都护、上府折冲都尉	正议大夫	忠武将军	爵：开国伯 勋：上轻车都尉
正四品下	尚书右丞、尚书诸司侍郎、左右千牛卫/左右监门卫中郎将、亲勋翊卫羽林中郎将、下州刺史	通议大夫	壮武将军	
从四品上	光禄/卫尉/宗正/太仆/大理/鸿胪/司农/太府少卿、秘书少监、殿中少监、内侍、大都护府/亲王府长史	太中大夫	宣威将军	勋：轻车都尉
从四品下	国子司业、少府少监、将作少匠、京兆/河南/太原府少尹、上州别驾、大都督府/大都护府/亲王府司马、中府折冲都尉	中大夫	明威将军	
正五品上	谏议大夫、御史中丞、国子博士、给事中、中书舍人、都水使者、万年/长安/河南/洛阳/太原/晋阳/奉先县令、亲勋翊卫羽林郎将、中都督/上都护府长史、亲王府典军	中散大夫	定远将军	爵：开国子 勋：上骑都尉
正五品下	太子中舍人、内常侍、中都督/上都护府司马、中州别驾、下府折冲都尉	朝议大夫	宁远将军	

续表

官品	职官	文散官	武散官	爵/勋
从五品上	尚书左右司诸司郎中、秘书丞、著作郎、太子洗马、殿中丞、亲王府副典军、下都督府/上州长史、下州别驾、殿中省六局奉御、诸王友	朝请大夫	游骑将军	爵：开国男 勋：骑都尉
从五品下	大理正、太常丞、太史令、内给事、上牧监、下都督府/上州司马、驸马都尉、奉车都尉、宫苑总监、上府果毅都尉	朝散大夫	游击将军	
正六品上	太学博士、太子司议郎、中州长史、亲勋翊卫校尉、京兆/河南/太原府诸县令、武库中尚署令、诸卫左右司阶、中府果毅都尉	朝议郎	昭武校尉	勋：骁骑尉
正六品下	千牛备身、备身左右、下州长史、中州司马、内谒者监、中牧监、上牧副监、上镇将	承议郎	昭武副尉	
从六品上	起居郎、起居舍人、尚书诸司员外郎、大理司直、国子助教、城门郎、符宝郎、通事舍人、秘书郎、著作佐郎、侍御医、诸卫羽林长史、两京市令、下州司马、左右监门校尉、亲勋翊卫旅帅、上县令	奉议郎	振威校尉	勋：飞骑尉
从六品下	侍御史、少府/将作/国子监丞、司农寺诸园苑监、下牧监、宫苑总监副监、互市监、中牧副监、下府果毅都尉	通直郎	振威副尉	

续表

官品	职官	文散官	武散官	爵/勋
正七品上	四门博士、詹事司直、左右千牛卫长史、军器监丞、中县令、亲勋翊卫队正、亲勋翊卫副队正、中镇将	朝请郎	致果校尉	云骑尉
正七品下	内寺伯、诸仓/诸冶/司竹/温汤监、诸卫左右中候、上府别将/长史、上镇副、下镇将、下牧副监	宣德郎	致果副尉	
从七品上	殿中侍御史、左右补阙、太常博士、太学助教、门下省录事、尚书都事、中书省主书、左右监门直长、都水监丞、中下县令、京县丞、中府别将/长史、中镇副、勋卫太子亲卫	朝散郎	翊麾校尉	武骑尉
从七品下	太史局丞、御史台/少府/将作/国子监主簿、掖庭/宫闱局令、下县令、太庙诸陵署丞、司农寺诸园苑副监、宫苑总监丞、公主家令、亲王府旅帅、下府别将/长史、下镇副、诸屯监、诸折冲府校尉	宣义郎	翊麾副尉	
正八品上	监察御史、协律郎、翊卫、大医署医博士、军器监主簿、武库署丞、两京市署丞、上牧监丞、执乘亲事	给事郎	宣节校尉	

269

续表

官品	职官	文散官	武散官	爵/勋
正八品下	奚官/内仆/内府局令、备身、尚药局司医、京兆/河南/太原诸县丞、太公庙丞、诸宫农圃监、互市监丞、司竹副监、司农寺诸园苑监丞、灵台郎、上戍主、诸卫左右司戈	征事郎	宣节副尉	
从八品上	左右拾遗、太医署针博士、四门助教、左右千牛卫录事参军、上县丞、中牧监丞、京县主簿、诸仓/诸冶/司竹/温汤监丞、保章正、诸折冲府旅帅	承奉郎	御侮校尉	
从八品下	大理评事、律学博士、太医署丞、左右千牛卫诸曹参军、内谒者、都水监主簿、中书/门下/尚书都省/兵部/吏部/考功/礼部主事、中县丞、京县尉、诸屯监丞、上关令、上府兵曹、上挈壶正、中戍主、上戍副、诸率府左右司戈	承务郎	御侮副尉	
正九品上	校书郎、太祝、典客署掌客、岳渎令、诸津令、下牧监丞、中下县丞、中州博士、武库署监事	儒林郎	仁勇校尉	

续表

官品	职官	文散官	武散官	爵/勋
正九品下	正字、奚官/内仆丞、内府局丞、太史局司辰、典厩署主乘、下县丞、下州博士、京兆/河南/太原府诸县尉、上牧监主簿、诸宫农圃监丞、中关令、亲王国尉、上关丞、诸卫左右执戟、中镇兵曹参军、下戍主、诸折冲队正	登仕郎	仁勇副尉	
从九品上	尚书/御史台/秘书省/殿中省主事、奉礼郎、律学助教、弘文馆校书、太史局司历、太医署医助教、京兆/河南/太原府/九寺/少府/将作监录事、都督/都护府/上州录事市令、宫苑总监主簿、上中县尉	文林郎	陪戎校尉	
从九品下	内侍省主事、国子监录事、崇文馆校书、书学/算学博士、门下典仪、太医署按摩/祝禁博士、太卜署卜博士、太医署针助教/医正、太卜署卜正、太史局监候、掖庭局宫教博士、太官署监膳、太乐鼓吹署乐正、大理寺狱丞、中下州医博士、中下县尉、下关令、中关丞、诸卫羽林长上、诸津丞、诸折冲府队副、诸率府左右执戟	将仕郎	陪戎副尉	

罪了库吏。库吏便私藏其红顶阻碍其上朝,以此来报复。后又整蛊文介公数次,方才收手。文介公得知是库吏所为后,便对胥吏的管理更加严格。可谁知不久之后,文介公不知因何事触怒了孝钦皇后,出户部。后来方得知是那库吏贿赂内监,故意中伤文介公。清代胥吏为了自身利益,可以要挟长官,架空长官权力,以行贿之手段拉拢权贵。不仅如此,索贿之事也是频频发生。光绪时,浙江候补知县某,到了浙江后当补某缺,部吏贻书告知曰:"某缺,君依例当补,然须予我千金。"某自然是不愿打点,认为这是循例之事,为何还须贿赂一个胥吏。结果可想而知,补缺结果出来之后,已补他人。[1]

鲁迅先生在《中国小说史略》中谈及《西游记》时,说过"神魔皆有人情,精魅亦通世故"这样一句话。的确,《西游记》作为一部神怪小说,谈仙说佛、恶魔毒怪只是它的表象,吴承恩在描写神仙佛怪时,也脱离不了当时中国各种社会现象的影响。这些社会现象、社会问题以神怪为依托,在我们的大脑中由于幻想的作用,呈现为一种光怪陆离与人情世故的结合体。大多数的经典文学作品都会给我们提供这样或是那样的时空背景,在不同的场域下,我们可以在虚构的作品中寻找真实,印证历史,挖掘与自己专业领域的契合点,也许会有思路大开、高见立现的效果。

---

1. 以上两则事例均出自〔清〕徐珂《清稗类钞》第十一册《胥吏类》,中华书局,2010,第5257—5258页。

参考文献

一、古籍类（按朝代排序）

1. 〔后晋〕刘昫.旧唐书［M］.北京：中华书局，1975.
2. 〔唐〕长孙无忌.唐律疏议［M］.刘俊文点校，北京：法律出版社，1999.
3. 〔宋〕欧阳修等撰.新唐书［M］.北京：中华书局，1975.
4. 〔宋〕窦仪等撰.宋刑统［M］.吴翊如点校，北京：中华书局，1984.
5. 大明律［M］.怀效锋点校，北京：法律出版社，1999.
6. 〔明〕吴承恩.西游记［M］.北京：中国画报出版社，2009.
7. 〔明〕雷梦麟.读律琐言［M］.北京：法律出版社，2000.
8. 〔清〕徐珂.清稗类钞［M］.中华书局，2010.
9. 〔清〕薛允升.唐明律合编［M］.怀效锋、李鸣点校，北京：法律出版社，1999.

10. 大清律例［M］. 田涛、郑秦点校, 北京：法律出版社, 1999.

11.〔清〕沈之奇. 大清律辑注［M］. 怀效锋、李俊点校, 北京：法律出版社, 2000.

12.〔清〕王明德. 读律佩觿［M］. 何勤华等点校, 北京：法律出版社, 2001.

13.〔清〕祝庆祺、鲍书芸等编. 刑案汇览三编［M］. 北京：北京古籍出版社, 2004.

二、译著类（按版本排序）

1.［美］赫伯特·马尔库塞. 单向度的人［M］. 上海：上海译文出版社, 1989.

1. 圣经.［M］. 北京：中国基督教协会, 2004.

2.［英］诺曼·巴里. 福利［M］. 储建国译. 长春：吉林人民出版社, 2005.

3.［英］巴里·尼古拉斯. 罗马法概论［M］. 黄风译, 北京：法律出版社, 2000.

4.［日］桑原洋子. 日本社会福利法制概论［M］. 韩君玲、邹文星译, 北京：商务印书馆, 2010.

5.［英］诺尔曼·金斯伯格. 福利分化：比较社会政策批判导论［M］、姚俊, 张丽译, 杭州：浙江大学出版社, 2010.

6. ［澳］柯文·M.布朗、苏珊·珂尼、布雷恩·特纳等.福利的措辞：不确定性、选择和志愿结社［M］.王小章、范晓光译，杭州：浙江大学出版社，2010.

7. ［法］孟德斯鸠.论法的精神［M］.张雁深译，北京：商务印书馆，2005.

8. ［英］莎士比亚.量罪记［M］.朱生豪译，北京：中国青年出版社，2013.

9. ［英］伊恩·沃德.法律与文学：可能性及研究视角［M］.刘星、许慧芳译，北京：中国政法大学出版社，2017.

三、今人著作类（按出版时间排序）

1. 蔡枢衡.中国刑法史［M］.南宁：广西人民出版社，1983.

2. 栗劲.秦律通论［M］.济南：山东人民出版社，1985.

3. 陈鹏.中国婚姻史稿［M］.北京：中华书局，1990.

4. 范忠信等.情理法与中国人：中国传统法律文化探微［M］.北京：中国人民大学出版社，1992.

5. 向仍旦.中国古代婚俗文化［M］.北京：新华出版社，1993.

6. 董家遵.中国古代婚姻史研究［M］.广州:广东人民出版社，1995.

7. 刘俊文.唐律疏议笺解［M］.北京：中华书局，1996.

8. 张剑光. 三千年疫情[M]. 南昌：江西高校出版社，1998.

9. 申卫星、傅穹、李建华. 物权法[M]. 长春：吉林大学出版社，1999.

10. 肖群忠. 孝与中国文化[M]. 北京：人民出版社，2001.

11. 王子今、刘悦斌、常宗虎. 中国社会福利史[M]. 北京：中国社会出版社，2002.

12. 霍存福. 复仇·报复刑·报应说——中国人法律观念的文化解说[M]. 长春：吉林人民出版社，2005.

13. 钱大群. 唐律疏义新注[M]. 南京：南京师范大学出版社，2007.

14. 尚晓援、王小林、陶传进. 中国儿童福利前沿问题[M]. 北京：社会科学文献出版社，2010.

15. 邓云特. 中国救荒史[M]. 开封：河南大学出版社，2010.

16. 张未然. 神仙世界与法律规则——法律人读《西游记》[M]. 北京：中国政法大学出版社，2011.

17. 林闽钢. 现代西方社会福利思想——流派与名家[M]. 北京：中国劳动社会保障出版社，2012.

18. 萨孟武.《西游记》与中国古代政治[M]. 北京：北京出版社，2013.

19. 孙向阳. 中国古代盗罪研究[M]. 北京：中国政法大学出版社，2013.

20. 陈顾远. 中国古代婚姻史[M]. 太原：山西人民出版社，

2014.

21. 黄源盛．中国法史导论［M］．桂林：广西师范大学出版社，2014.

22. 葛忠明．中国残疾人福利与服务：积极福利的启示［M］．济南：山东人民出版社，2015.

23. 刘星．古律寻义：中国法律文化漫笔［M］．北京：中国法制出版社，2015.

24. 陈长琦．官品的起源［M］．北京：商务印书馆，2016.

25. 陈兴良．正当防卫论（第三版）［M］．北京：中国人民大学出版社，2017.

26. 李薇．西方国家家庭补贴制度：基于三种福利体制的比较［M］．北京：社会科学文献出版社，2017.

27. 刘星．法律与文学——在中国基层司法中展开［M］．北京：北京大学出版社，2019.

28. 郑小悠．清代的案与刑［M］．太原：山西人民出版社，2019.

29. 郭建．中国传统法律文化精讲［M］．上海：复旦大学出版社，2020.

四、期刊论文类（按发表时间）

1. 张明楷．盗窃与抢夺的界限［J］．法学家，2006，2.

2. 黄修明.论儒家"孝治"司法实践中"孝"与"法"的矛盾冲突［J］.江西社会科学，2010，6.

3. 周延良."孝"义考原——兼论先秦儒家"孝"的伦理观［J］.孔子研究，2011，2.

4. 王文华."法外复仇"传统与"仇恨犯罪"的抗制——以中国传统复仇文化为视角［J］.法学论坛，2011，6.

5. 钱泳宏.防控与失控：清代重惩奸罪与"因奸杀夫"［J］.华东政法大学学报，2012，1.

6. 李娟.穷人、福利与反贫困：基于中国本土语境的思考［J］.青海社会科学，2013，1.

7. 岑嵘.拾穗者和福利经济学［J］.读者文摘，2013，6.

8. 徐国栋.《惩治通奸罪的优流斯法》的还原及其逐条评注［J］.东方法学，2013，6.

9. 何勤华、王静.中国古代孝文化的法律支撑及当代传承［J］.华东政法大学学报，2018，6.

10. 盛葳.米勒的《拾穗者》：从基督教到大革命［J］.美术观察，2020，3.

后 记

我是2006年来到沈阳师范大学法学院的，主要从事与法律史相关的教学与科研工作。起初，作为职场小白的我，并不得教学的要领，"照本宣科"式的教学方式带来的教学效果可想而知。所以，如何让这些刚刚跨入大学校门的学生对法律史甚至是法学产生兴趣，成为我不得不思考的问题。提升法律史学习的趣味性是再自然不过的选择，寻找合适的教学案例，寻找能让学生们产生兴趣的话题，是我始终没有停止的工作。

本书这三个篇目的构思其实正是课堂教学的"副产品"。当然，如果没有遇到广西师范大学出版社的刘隆进老师，我的这些"副产品"可能仍然躺在我的备课笔记中。大概是在2020年上半年，刘老师将我们四位拉到一个微信群，说明要出一套法律史方面的普及读物，要我们四位年轻人从各自擅长的领域和角度撰写书稿，我自然就想到把之前上课中遇到的文学和艺术中涉及的法律史问题整理出来。但是由于受到新冠疫情的影响，写作工作一度停滞，出版社也没有任何推进的消息，我一度以为这件事情就这样黄了。去年年底，刘老师在我们的群里开始催稿，并鼓励大家坚持把书稿完成。所以，在本书即将付梓之际，我要感谢刘隆进老师对本套系列丛书出版的坚持与努力，同时要特别感谢广西师范大学出版社对法律史学科发展的关怀和支持。

我与法律史这个专业结缘是在吉林大学读本科的时候，当时我感觉法律史很特别，其他部门法更像是些与我面对面站立的人，能描摹、抓取的信息都很直接；但法律史则像是一位背对我站立的人，颇具神秘感，需要我们不断地感受他、思考他，只有这样我们才能走近他、了解他。由此，我便对法律史产生了浓厚的兴趣，从硕士、博士到工作，始终没有离开过这一领域。这里我要特别感谢霍存福教授和吕丽教授，他们对我的教诲、鼓励和帮助使我终生难忘，直到今天，他们仍然是我学术研究道路上的引领者。

我还要感谢我的父母对我事业上的默默支持和无私奉献；感谢我的丈夫对我的包容和理解；感谢我的女儿能以我为榜样，努力学习，追求着自己的法律梦想！

本书是我对自己从事法律史教研工作第一个十年的阶段性总结与回顾。书稿从拟定提纲到资料收集，再到具体写作，每个环节都充满艰辛和喜悦。艰辛是因为要不断地思考，发现问题；喜悦是因为每每完成一个阶段的写作，都会有一种成就感。当然，书中仍有许多错误和不足之处，这里要非常感谢本书的责任编辑郭春艳老师认真负责的编审校对，每一审送回的稿件中密密麻麻的修改意见，总让我心中充满感动之余又有几分汗颜，也督促我愈加认真地修改。最后，还是非常期待本书的出版发行，特别希望本书对历史、对中国传统文化感兴趣的读者能够有所启发。

2024年8月1日

写于沈阳